重塑
美国经济
Building
the
New American
Economy
Smart,
Fair,
and Sustainable

Jeffrey Sachs
[美] 杰弗里·萨克斯 —— 著

石烁 胡迪 —— 译

格致出版社 ⬚ 上海人民出版社

中文版推荐序

《重塑美国经济》是美国著名经济学家、哥伦比亚大学教授杰弗里·萨克斯的政策评论集。书中素材主要来自萨克斯2016年秋发表在《波士顿环球报》上的系列专栏。当时正值美国总统大选，萨克斯积极声援伯尼·桑德斯成为民主党总统候选人，同时抨击共和党候选人唐纳德·特朗普的经济政策。虽然桑德斯到底失掉了民主党的参选资格，而特朗普最后却意外当选了美国第45任总统，但萨克斯还是战斗在理论工作的火线上。他把政策主张集结成书，号召重塑一个智能、公平和可持续的美国经济。

我们熟悉萨克斯，往往是从"休克疗法"开始的。1985年，美国哈佛大学接待玻利维亚代表团。与会代表最关心的是，如何让玻利维亚摆脱超级通货膨胀，同时避免经济衰退。31岁的萨克斯，年纪轻轻，却已是哈佛经济系盖伦·斯通—国际贸易讲席教授，他建议"与过去一刀两断"，一面重整财政和货币纪律，一面取消经济管制，同时大力建设自由市场经济。一位玻利维亚的政府官员向他下了挑战书:"如果你有自信,就来玻利维亚证明。"萨克斯当仁不让,只身前往玻利维亚,说服新选政府,以雷霆手段贯彻价格稳定政策,结果短短几周内,就控制了通胀。事后,萨克斯总结说"玻利维亚证明,价格稳定政策是可行的、可能的、可持续的。"

后来,萨克斯带着这套经济过渡方案来到东欧。于是,波兰、斯洛文尼亚和爱沙尼亚按图索骥,市场经济开始迅速发展,一跃成为东欧经济增速最快的经济体。价格稳定和经济增长并举,"休克疗法"由此声名大噪。此时的萨克斯志得意满,他有了更大的目标:"波兰能做到的,俄罗斯也能。"

1992年,萨克斯与伦敦政治经济学院专家们受邀来到莫斯科。他们挤在俄罗斯联邦劳动部提供的小套房里,想要为俄罗斯提供经济改革方案,将这个泱泱大国从苏联解体的危局中摆脱出来,迅速实现物价稳定和经济复苏。出乎萨克斯预料的是,对待改革路线,联邦政府内部分歧对立:财政部倾向市场经济改革,而中央银行则努力维护苏联原有的经济秩序。而后,一些资深的俄罗斯经济学家开始主张智利在20世纪80年代所采取的"皮诺切特方案",以铁血手腕执行市场化改革。另一些人则对中国"渐进式改革"情有独钟。

面对分歧,萨克斯努力说服各方。他指出,皮诺切特虽然是独裁者,但是他确实能代表智利中产阶层的利益。相反,俄罗斯联邦政府即使可以做到集权,但最终也要直面更为强大的国内军工利益集团。萨克斯同时认为,中国改革后,全部的增长发生在自由市场部门;而俄罗斯也不可能采取渐进式改革,因为低效率国有部门巨大且危险,如不快速改革,马上就会压垮政府财政。面对萨克斯的争辩,再加上波兰珠玉在前,俄罗斯学者们便不再争论了。

1999年,萨克斯在世界报业辛迪加发表评论明确承认,俄罗斯改革失败了。"经济崩溃、复苏无望、腐败横行,政治危机此起彼伏……""俄罗斯没能找到通向世界的道路。"不过,他还在为"休克疗法"辩护。一是地理距离差异。波兰邻近西欧,吸引外资便利,而俄罗斯距西欧更远,西欧相对有限的投资,在经过东欧后,能到达俄罗斯的很少。二是经贸环境巨变。俄罗斯经济依赖石化能源出口,但20世纪90年代,国际石油价格锐减,俄罗斯经济转型面临巨大外部压力。三是政治腐败。俄罗斯长期存在"老人政治"、国有企业内部人控制以及社会缺乏自治自主能力等问题。在经济剧烈转型期,国家无力维持秩序,反而让腐败更为严重。

我较早接触萨克斯是在2007年春。当时受美国布鲁金斯学会邀请,我到华盛顿开会,讨论亚洲金融危机10年后的变化趋势与方案对策。会议第二天午餐上,萨克斯发表演讲。他前一天夜里刚从中东回来,这天上午又从纽约飞到华盛顿,参加布鲁金斯的会议。他讲的题目是2050年的亚洲经济。他回顾了经济学的增长模型,批评说从一开始经济学家受到的训练就没有关注气候变化、环境、土地、水以及各种生态的因素对经济增长的影响。他那时已经离开哈佛,到哥伦比亚大学地球研究中心做主任,并致力于倡导经济学家对环境、气候和自然资源的关注。萨克斯确实是一个很有学者魅力和演讲能力的人,他的讲话更是引起了大家的热烈讨论。

2019 年春天,我和萨克斯同时受邀,参加政府与市场经济学国际学会(SAGE)。该学会是由诺贝尔经济学奖得主,哈佛大学经济学、数学教授埃里克·马斯金与清华大学中国经济思想与实践研究院院长(ACCEPT)李稻葵教授联合发起成立的。4 月 27 日,SAGE 成立大会暨首届国际学术年会在清华大学蒙民伟音乐厅举行。很遗憾,我和萨克斯均未到场。不过最近几年,每逢 3 月,我和萨克斯都会受邀到北京,参加国务院发展研究中心主办的中国发展高层论坛,会议期间我们有过多次交流。

在《重塑美国经济》一书中,萨克斯指出,对国家发展道路的抉择,美国国内观点出现了巨大分歧。20 世纪 90 年代以来,美国越发偏重经济增长,忽视日益加剧的不平等和环境恶化问题。2008 年金融危机后,美国甚至连维持稳定增长也开始力不从心。萨克斯希望提供一套整体改革方案,从供给侧入手,重新凝聚美国共识。

《重塑美国经济》既表明了政策纲领,也提供了路线方案。萨克斯提出"一个核心,三个关键点"的改革方针。基础设施升级是重振美国经济的核心。为此,美国应在贸易谈判、能源政策、政府边界、债务、战争以及收入不平等进行全面改革。智能、公平、可持续是改革成功的三大关键因素。实现智能经济,就要利用新技术,为此,美国应继续加强人才引进力度。实现公平分配,需要在教育、医疗、养老和市政建设上向低收入和弱势群体倾斜。实现可持续发展,需要积极参与气候治理,引领全球气候谈判。

2017年,《重塑美国经济》赶在特朗普政府履新之际出版,可见萨克斯的一片苦心。可惜,事与愿违。特朗普政府上台后,对内减税,并催促美联储减息,执行的是刺激需求的经济增长方针;对外与中国、加拿大、墨西哥、日本和欧洲接连制造贸易冲突,颇有重商主义的派头;同时掀起退"群"浪潮,相继宣布美国退出《巴黎气候协定》《伊朗核协议》和联合国教科文组织等重要的多边国际平台,走上了单边主义、孤立主义的老路。到底是"让美国继续伟大",还是"让美国走上可持续发展道路",美国的选择对今天的世界仍然具有重要意义。

2019年,《重塑美国经济》中文版付梓,对于国内读者了解当今的美国问题,提供了新的材料,更提出了新的思考。如果真如萨克斯所说,美国目前的增长路径是不可持续的,那么世界与中国会受到怎样的影响呢?我们能做些什么呢?我们又是否能够像萨克斯一样,为这些问题提供理论解释和改革方案呢?我相信这样的思考对于读者朋友们是更有价值的收获。

张军

2019 年 8 月 3 日

推荐序

我竞选美国总统的目的从来不仅仅在于当选总统,而是在于改变美国。当我奔波来往,穿越我们这个伟大国家之时,有幸见到无数美国人,他们迫切地渴望一种为中产阶层和工薪家庭——而不仅仅只为富豪——运转的经济。他们厌倦了为越来越少的工资而不断加班加点,但跨国公司仍将成千上万的工作机会送往海外。他们厌倦了公司中首席执行官们的收入是他们的 300 倍,而 52% 的新增收入都流向了最富有的 1% 的人群。他们厌倦了无力为自己的孩子提供健全、优质的托儿服务和大学教育的机会。他们需要能够创造工作机会、增加工资收入以及保护这个国家最弱势人群的政策。并且,他们要求我们为了子孙后代,有力地抗击气候变化,使我们的星球保持健康和宜居。

我所听到的以及我不断听到的是,美国人民已经受够了建制派政客和建制派经济学家们,他们长期以来都断言:在经济增长、经济公平和环境可持续性这三个目标中,我们必须进行抉择。这些人兜售给我们的"良方"中说,我们不可能三个目标都实现。然而,他们错了。就我所知,广泛共享的繁荣、经济公平和环境可持续性必须协同进行。一个几乎全部财富和收入都流向极少数上层人群的经济,就不是可持续的。同理,一个基于破坏性环境政策的经济将不可避免地导致灾难,无论贫富都难逃此劫。

在本书中,哥伦比亚大学教授杰弗里·萨克斯清楚地解释了美国如何实现全部三个至关重要的目标,并且创造一个为我们所有人而运转的经济。杰弗里·萨克斯是可持续发展领域的世界性领军人物,他严肃地审视发展政策带来的经济、社会以及环境影响。我可以骄傲地说,在我的总统竞选中,他也是一位强有力支持者和内参顾问,并且还是这场改变美国的进步革命的关键盟友。

本书的出版正应唐纳德·特朗普胜选之时。这位新当选的总统大谈特谈中产阶层的衰落与愤怒,但是他首先就放过了主流经济学中未受挑战的很大部分,而这部分正是导致中产阶层工作机会不断流失的问题所在。他承诺带来经济繁荣,竟主要是通过给富人和大企业提供万亿美元规模的减税优惠,还有阻挠节能减排,而不顾这些源自化石燃料的碳排放对气候变化的影响。并且,他非但不为2800万医疗保险仍然没有覆盖到的美国人提供一套保障方案,竟还宣称撤销奥巴马总统的《平价医保法》,这一行径会将2000万美国人置于没有医保的境地。

萨克斯教授在一系列问题上为美国的改变提供了十分独到的见

解,包括联邦预算、基础设施、就业、医疗保障、气候变化和外交政策。对减贫、解决飙升的学生债务难题、拓宽医疗保障范围并降低成本、环保,以及许多其他问题,他解释了到 2030 年之前美国的改变能够并且应当达到的程度。现在,这是一个比以往任何时候都应当被听到的声音。

伯尼·桑德斯

美利坚合众国佛蒙特州议员

前　言

　　唐纳德·特朗普当选总统,他所职掌的国家在阶层、种族、健康以及机遇上是深度分化的。在他的就职演说里,他宣称要成为所有美国人的总统。他也给出了一个非常有前景的暗示,表明要如何以实际行动追求这些目标。

　　特朗普曾是一位地产开发商,所以也就不奇怪他简短的就职演说中的主导概念是"重建"了——一个被反复提了4次的概念:

　　　　同舟共济,我们将开始这项急迫的任务——重建我们的国家,并重构美国梦……我们将修复各地的市中心,并重建我们的高速公路、桥梁、隧道、机场、学校和医院。我们将重建我们的基础设施,顺便提一下,它们将无与伦比。并且,在重建之时,数百万的美国人回到工作岗位上。

　　这是一个合理的,实际上也振奋人心的观点。美国迫切需要重建,其基础设施破旧不堪;其落后的能源系统无力面对深受气候威胁的经济;其沿海地区在海平面上升和极端风暴面前已经显得极度脆弱;美国的"锈带"城市,比如密歇根州的大急流城,已经走投无路;美国各地市中心并不能为在那里成长的孩子们提供健康的成长环境。重建美国市中心,并且创建一套属于21世纪的当代基础实施可能会是特朗普最伟大的政治遗产。

特朗普宣称要让美国基础设施"无与伦比",这是一个正确且大胆的目标,能够为美国的竞争力、未来就业机会的增加、公共医疗以及社会福利创造良好环境。但是,就像我将要在本书中解释的,当今的美国当然已不再是"无与伦比"了。最近的"可持续发展目标指数"显示,美国在34个高收入国家中排名第22位。一个公认的现象是,那些从国外度假回来的美国人在飞机一落地就马上感到,直梯、扶梯以及自动人行道——这些他们曾经引以为傲的机场设施——已经故障频仍了。

一个建设型总统的施政手段可能确实会有助于美国经济恢复活力,并且逐步推动百万人回到工作岗位上。2016年总统大选的所有主要候选人都宣称要将主要力量放在建设美国基础设施上。特朗普开出了1万亿美元的高价,这在未来5年也确实是一个现实的总数和目标(约为年均国民收入的1%)。

要想成功建设新型美国经济,其关键点可以用三个词来概括:智能、公平、可持续。

一个智能的经济意味着要最大程度地利用前沿技术。我们的能源网应当智能,特别要注意能源节约使用,以及吸纳分散的能源来源(例如风能和太阳能)进入能源网。我们的交通系统应当智能,特别要保证自动驾驶电动汽车在城市中成为可能,并且用 21 世纪的发达高速铁路网连接城市群。

一个公平的经济将随着特朗普所宣称的市中心重建而启动。这一宣言应当包括提供经济适用住房;健全的城市公立学校和公共医疗设施;为低收入社区提供有效率的交通服务;为当前衰败的城区增添公园和绿地;清理城市中有毒的垃圾场;复合回收垃圾而非填埋;为所有美国人提供安全的饮用水,并从此立刻终结折磨密歇根州弗林特市以及其他地方类似城市的饮用水灾难,且保证不再重演。

一个可持续的经济意味着,认识到并预见那些美国城市与基础设施正面临的极其严重的环境威胁。对于路易斯安那州新奥尔良市防波堤的脆弱程度,科学家和工程师们在卡特里娜飓风之前就早有预见了。对纽约市内涝问题,在桑迪飓风之前也被预见到了。放任气候变化带给美国种种风险,可以从无数的科学和政策研究中得到证实,例如"危险事务"计划以及"国家气候评估"项目。[①]

不智能、不公平、不可持续,在这样一场不加引导的建设浪潮中,可能走错路的地方实在太多了。特朗普在竞选中宣称要恢复 Keystone XL 石油管道项目以及美国的煤炭生产。在石化燃料热潮中投资,将会付出高昂代价,并且是死路一条。这种项目即便不在特朗普本届任期以及第二任内被关停,也将不可避免地在完工之日被迅速关停。无论说客们如何许诺,这种项目在环境上就是难以为继的。数十亿美元用来开发将来绝对不会被启用的资源,这就是打了水漂。

可笑的是,那些否认气候变化的人士正在为特朗普政府的到来而弹冠相庆。但大自然不会在乎他们想什么,这个星球上另外 192 个最近签署《巴黎气候协定》的国家也不会在乎他们想什么。化石能源公司的确可以花钱开发不可用的资源,但这等同于将钱倒进了矿坑。为给这些倒霉项目融资,不少投资者还买了债券,他们也在做同样的蠢事。

在就职演说中,特朗普的另一个非常重要的保证,将为建设新型美国经济提供一套成功的战略:

> 我将发挥我国人民的创造才能,我们将呼吁那些最优秀的和最聪明的人,发挥他们的巨大才能,造福所有人。

美国有将近 5000 家高校院所,分布在全国每一个国会选区,并且拥有全世界最出色的一批工程和科学队伍。这些高等学府拥有的学科包括公共政策、社会工作、公共医疗、商业管理以及环境科学。最重要的是,它拥有 2100 万美国在校年轻人不断学习以获得领导能力和 21 世纪所需的技能专业知识。

在公民社会与商业方面,通过发挥我们高校院所中智囊团丰富的智慧和经验,美国确实能够进入一个成功重建的时代,一个创造智能、公平以及可持续经济的时代,这才是真正无与伦比的经济,并且成为世界其他地方的榜样。

本书提供一个与时俱进的视角,在特朗普政府与国会履新之际,审视美国的机遇与挑战。我推荐美国应当采纳可持续发展目标,并适当加以调整,使之符合美国的具体国情和需要,以这套目标作为建设新型经济的标杆。在全国建设一个智能、公平、可持续的新型经济是我们的任务。

我希望本书中的证据和理念能够有助于我们实现这个时代赋予的艰巨且共同的使命。

杰弗里·D.萨克斯

注释

①"危险事务"计划,即 Risky Business Project。参见"Risky Business: A Climate Risk Assessment for the United States," June 2014, https://riskybusiness.org/site/assets/uploads/2015/09/RiskyBusiness_Report_WEB_09_08_14.pdf;"国家气候评估"项目,即 U.S. Global Change Research Program。参见"National Climate Assessment", 2014, http://nca2014.globalchange.gov/。

致　谢

这本书源自 2016 年秋天《波士顿环球报》的系列评论文章。我想感谢《波士顿环球报》杰出的知名版面编辑 Marjorie Pritchard,感谢她在准备这些文章中的灵感、热情以及独特的编辑支持和指导。《波士顿环球报》是一份非常棒的报纸,1972—2002 年间我曾在波士顿地区生活了 30 年,至今我仍然认为《波士顿环球报》是我来自"故乡"的报纸。

这份诚挚的谢意同样要送给来自于我学术故乡的出版社——哥伦比亚大学出版社。对于一位大学教授而言,能够与自家大学的出版社并肩工作,已经是一件非常开心的事情了,更不要说哥伦比亚大学出版社还是世界知名的学术出版社,这更让我高兴。令我受宠若惊的是,哥伦比亚大学出版社不光出版了我上一本书(*The Age of Sustainable Development*, 2015),并且同样热情地支持了本书的立项与出版。我特别要感谢 Bridget Flannery-McCoy,感谢她在每一阶段的付出与帮助,感谢她加速推进出版计划,从而使本书得以在特朗普政府和国会履新之际及时与读者见面。同样,我还要感谢生命科学与可持续性领域的编辑 Patrick Fitzgerald,感谢他对我一如既往的信心与支持。

我的特别助理——Mariam Gulaid 女士——在出版本书的每一阶段都给我提供了帮助,感谢她的精益求精以及源源不断地鼓励。

当然,我要将无尽的感激献给我的妻子——Sonia,我的全能伴侣。这份感激还要送给我聪明伶俐的孩子们——Lisa、Adam 以及 Hannah——他们总是鼓舞并十分努力地保证他们的爸爸走在正轨上。

目 录

1

我们为何需要建设一个全新的美国经济

据麦肯锡最近的一项研究,差不多 81% 的美国家庭在 2005—2014 年间收入停滞或下降。同时,收入不平等问题在过去 35 年间日益严峻,再加上财富和收入日益集中在最富 1% 的人口手中。在 1980 年,最富 1% 的人口得到了全国家庭总收入的 10%;在 2015 年,则差不多是总收入的 22% 了。

本书中，我的目的在于探讨美国经济发展面临的选择，同时探讨在唐纳德·特朗普总统上台与新一届国会召开之初美国与世界其他国家的关系。美国政府多年来桎梏不前的一个原因正在于两党一直为美国追求的愿景实际上漏洞百出。共和党人一直支持一个更"小"的政府，而我们却正需要一个能够更有作为、更好地应对放缓的经济增长、日益加剧的不平等以及迫在眉睫的环境威胁的政府。民主党人一直支持一个更"大"的政府，但却没有对政府角色扩大后的优先事项、项目规划、管理制度以及金融安排方面有一个清晰的思考。

　　基于长期围绕可持续发展的社会观察，本书可为美国公共政策提供一个更好的思路。我阐述了一套规模增加的投资战略，其中包括公共和私人两个部门，同时介绍了如何用金融来扶持这些投资。我一直强调，打破政府桎梏不前的方法是建立基于美国各地本土智慧所形成新的国家共识。特朗普总统及国会都将一筹莫展，除非他们能够听从美国人民心声——具有清晰的目标、政策方向和融资安排的重大变革已经到来。

我主要的观点是,在正确选择下,美国经济的未来是光明的。确实,我们是一场技术革命的幸运受益者,这场技术革命可以提高繁荣程度,减少贫困,增加闲暇时间,延长健康生命,并且保护环境。这听上去挺好,好得不像是真的;但真的是真的。美国社会中弥漫的悲观主义——往往认为,今天的美国儿童长大后,他们的生活标准将不及其父辈的水平——这确实是可能的,但也并非不可避免。

关于未来美国经济最重要的观点是,这是我们的选择,无论是在个人层面,还是作为公民的集体层面均由我们决定。

但这种悲观主义是有理有据的。美国经济正在经历二战后最低的增长率。自 2008 年金融危机以来,实际经济增速只是 2009 年年中预测值的一半:2009—2015 年年均增速 1.4%,而相对的预测增速则是 2.7%。据麦肯锡最近的一项研究,差不多 81% 的美国家庭在 2005—2014 年间收入停滞或下降。[①]同时,收入不平等问题在过去 35 年间日益严峻,再加上财富和收入日益集中在最富的 1% 人口手中。在 1980 年,最富的 1% 人口得到了全国家庭总收入的 10%;在 2015 年,则差不多是总收入的 22% 了。[②]

虽然失业率已经从 2009 年 10 月上次金融危机顶峰的 10% 下降到目前较低的大约 5%;但失业率有所回复的原因在于处于劳动年龄的个人已经完全脱离了劳动力市场——他们对于低收入工作或者完全没有工作机会已经失望到底。总就业人口相对劳动年龄(25—54 岁)人口的比率,已经从 2000 年的 81.5% 下降到 2015 年的 77.2%。

如果这还不够严重,那么沉重一击也注定要来。2016 年选举季期间来自两党*的反贸易情绪——让唐纳德·特朗普与希拉里·克林顿都拒绝与亚洲各国起草一份贸易协定——这反映了一种美国人的普遍恐惧心理,那就是美国在低工资竞争中已经将大量工作机会输给了中国和其他国家,而未来像这样的工作机会流失也在所难免。最近研究表明,这类恐惧——尽管长期受到经济学家的冷嘲热讽——是有事实根据的。[③]美国的制造业一边转移到海外,一边败给自动化生产。与中国制造业竞争最激烈的美国城镇,已经遭受了巨大的工作机会损失。

自动化生产正成为美国人高度焦虑的另一个来源。害怕机器会抢走我们的工作[④],对这类公众的恐慌,经济学家一般同样也冷嘲热讽。他们反问道,难道整个工业时代不都证明了这个观点是错误的吗?难道相对于损失的工作机会,新的机器和技术不总是能创造出更多的工作机会吗?这些反问是理所应当的,但是美国人的担心也不是空穴来风。智能机器时代的到来,似乎要将收入从工人转移至资本,促使工资下降,更加重了低工资工人的沮丧情绪,令他们感觉找份起码能维持生计的工作越发困难了。一些工人似乎正被挤出劳动力市场,并且劳动所得在国民收入的占比也在下降,这意味着,从事体面工作的工人确实在被机器所替代。

所以,美国人的确有权控诉来自经济状况的诸多恐惧情绪:那些动摇经济的华尔街贩子、那些大快朵颐经济增长红利的最富1%的人

---

* 指的是美国民主党和共和党。——译者注

群以及那些输给中国和机器的工作机会和工资。但是,令人担心的理由还有更多。

2016年美国联邦预算赤字差不多是国内生产总值(GDP)的2.9%,但是按照目前的势头,这一数字将会在未来几年内升至GDP的4%。慢性高赤字的后果是快速增长的公共债务。美国拖欠国内和国外的国债总额,已经从2007年底占美国GDP的35%增长到2015年底的75%。国会预算办公室警告说,在现在的财政政策下,债务到2026年前会达到GDP的86%,到2036年前会达到110%。[5]

债务可持续性将成为未来的一部分,由我们留给如今的孩子们。环境可持续性当然就是我们留下的另外一部分。如果说还有什么巨大隐患的话,那么一个让我们提心吊胆的关乎生存的担心是美国人与世界其他地方的人们正在对环境所进行的无休止的、过分的以及持续的破坏。对于我们的经济前景,我们不能轻易地放松警惕,并且任何时刻我都不会建议这么做,除非我们能够找到通往环境安全的道路,并且为我们赖以生存的水、空气和生物多样性提供切实的可持续性保障。最重要的是,我们需要全面改革能源系统,从我们所依赖的碳基能源——煤炭、石油以及天然气——转移到非碳能源——风能、太阳能、水能、核能以及其他不会引发全球变暖的能源。幸运的是,美国不愁可再生能源。但是,在实现环境可持续性的道路上,我们还有许多其他步骤要完成,我将在本书随后章节中详细展开相关论述。

最后,让上述挑战更加困难的是我们国家高度分化且腐朽的政治,而这一切很难不令人更加沮丧。一些经济学领军人物甚至已经宣布,经济增长将在两个世纪内终结。用他们的行话来讲,我们正处于一个"长期经济停滞"＊的新时代。如果增长一旦终结,社会稳定也可能会受到影响。此时,经济会陷入零和博弈,一些群体所得必定是其他群体所失。

罗伯特·戈登(Robert Gordon)是悲观主义者的元老(并且是一本非常好的新书 *The Rise and Fall of American Growth* 的作者)。他说,我们已经没有能力拿出让经济引擎继续运转的重大新发明了。[6]戈登认为,智能手机以及互联网根本无法与改天换地的发明相提并论,后者如蒸汽机、电力、电视机和收音机、汽车以及飞机制造业——这是推动经济进步两百年的伟大技术动力。

而正如本书将详细展开的,我认为悲观主义者们虽然有一定道理——他们其中一些人确实说到了点子上——但总体上看他们是错误的。在进步的道路上,我们绝非已穷途末路;至少在我们没有实现一致行动之前,还不能这样讲。并且我们也是能做到的。哪怕是当前的政治瘫痪也可以被终结,只要我们能够更为精准和清晰地找出解决我们真实且复杂问题的办法。过去,美国已经面对了并克服了许多复杂艰辛的大困难——例如大萧条、纳粹、对非洲裔美国人的政治排斥、贫困问题以及老龄人口的沉重疾病负担——所以这次美国仍然能够克服困难。

＊ 即"secular stagnation"。——译者注

我的出发点即可持续发展的观念,为美国问题的解决提供了一个全新也更好的办法。幸运的是,这一观念已经存在足够长的时间了,足够我们掌握其相关的、完整的知识体系,以及引导我们该做些什么的广泛例证。并且,这个观念也已得到包括科学家、工程师以及人数日益增加的发明家,甚至是世界各国政府的广泛认同。2015 年 9 月 25 日,联合国全部 193 个成员国政府接受了可持续发展观念,其中包括 17 个具体的可持续发展目标(SDGs),并以此作为未来 15 年中全球就经济与社会发展展开合作的基础(参见图 1.1)。[⑦]2015 年 12 月 12 日,这些成员国政府也都接受了《巴黎气候协定》,后者同样是建立在可持续发展这一概念上的。[⑧]

图 1.1　17 项可持续发展目标

可持续发展观认为,经济政策只有在同时关注三大问题后才能进入最佳运作状态,这三大问题包括:第一,提升经济增长水平,增加体面工作机会的数量;第二,提升对女性、贫困人口以及少数群体的社会公平水平;第三,提升环境的可持续性水平。美国的经济政策在最近几年只关注了第一项——经济增长——而且也并没有做得很好,部分原因在于,即便经济不平等和环境破坏带来的危机日益严峻,美国经济政策也还是选择了忽视这些问题。现在,正因我们的多个政策失效以及不平衡的增长,经济增长前景本身甚至也岌岌可危了。

经济增长、社会公平以及环境可持续性是相辅相成的,且经济增长的前景如何目前取决于我们对可持续发展中两个被忽视的支柱问题解决得如何。选择我们的经济前景是关键。经济无法自己实现增长,实现公平,并保护环境。经济学理论与经验已经清楚无疑地表明,不存在“看不见的手”推动经济增长,更不要说在可持续发展上心存侥幸了。即便是亚当·斯密对此也有清醒的认知,所以他写了《国富论》第五卷来强调政府在基础设施和教育上的作用。

但是我们应如何选择？首先,我们通过有关储蓄和投资的决策来选择未来经济的发展方向。就像人一样,社会也面临“延迟享乐”(delayed gratification)的挑战:为实现未来的经济增长,我们需要抑制当前的消费,并代之以对未来知识、技术、教育、技能、健康、基础设施以及环境保护进行投资。如果我们投资得力,我们就能上演“帽子戏法”,构建一个智能、公平、可持续的经济。这样一种经济将会带来体面的工作机会,带给人们大量的闲暇时间,提升公共医疗,并且在一个高度竞争的世界经济中巩固竞争实力。

相应地，要想做到投资得力，首先需要完成两件事情，美国对此显然已经无能为力，甚至只要一提到这两件事情，就会让许多人痛苦不堪。第一件事是规划，我们需要为我们的未来而规划。我还可想起，曾几何时，因为与不复存在的苏联"中央计划"联系在一起，计划这个概念成为不受待见的词语。但是，我们现在比以往任何时候都需要计划，这样才能战胜复杂挑战，诸如全面改革我们的能源系统——这需要几十年坚持不懈的努力。

第二件事是需要更多的公共投资来刺激私人投资。自从罗纳德·里根（Ronald Reagon）告诉我们"政府不是问题的解决办法；政府本身就是问题"的那一刻，我们就已经将对公共投资期待降到谷底了。我们每天都忍受着陈旧的高速公路、桥梁、堤坝，以及城市自来水系统；忍受着老化的机场和海港以及被忽视的满是隐患的垃圾场。但若没有政府在基础设施建设与引导能源变革中发挥作用，私人投资者——尽管他们管理着上万亿美元——将仍会陷于旁观，不知道把钱投在哪里。

在智能机器和信息系统、新材料、遥感、先进生物技术以及其他更多方面的重大突破源源不断。在这样的条件下，有数不清的方法可以实现可持续发展与更高的生活标准，包括更健康的生活和更多的闲暇时间。但是一个复杂的现代社会是否真的能实现这些目标，并同时平衡预算呢？我将会告诉大家，这个答案为什么是"能"；并且为了更有说服力，我将向大家展示其他领先于美国的国家，它们正在寻找一条迎接关键挑战的出路,如教育、技能培训、公平和低碳能源。

　　在最近一项研究中,我和我的同事测度了包括美国在内的149个国家,看它们如何在可持续增长方面实现进步,特别是看这些国家

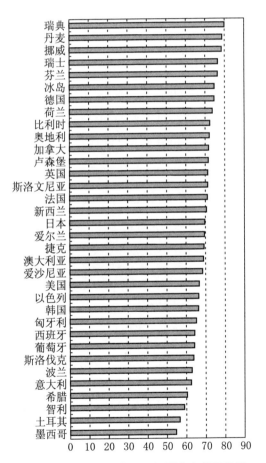

图1.2　经济合作与发展组织国家中的可持续
发展目标排名(按0到100打分,100满分)

如何实现最近被采纳的可持续发展目标。研究结果让人大开眼界，并发人深省，也让人感到莫名的振奋。在 34 个高收入国家中，美国排在第 22 位，分别落后于排名领先的瑞典、丹麦、挪威，以及瑞士（见图 1.2）。加拿大排在第 11 位。对于一个喜欢视自己为第一的国家而言，排在第 22 位似乎令人沮丧，但是在我们上下求索之时，也能够从其他国家那里学到经验，这又未尝不是一件令人激动的事情。⑨

在本书随后章节中，我将深入探讨以下重要问题：未来的预算选择，包括税改；迈向安全、可再生能源（可持续发展目标的第 7 项与第 13 项）；攻克不平等（第 10 项）；在 AI 时代创造体面工作机会（第 8 项）；使贸易协定为所有国家运行（第 17 项）；减少我们医疗保障的额外成本（第 3 项）；并且实现迟到已久的和平红利（第 16 项）。我们将看到，我们确实有选择，而且是好的选择，能够带给美国不断进步和可持续发展的选择。

注释

① Mckinsey Global Institute, "Poorer Than Their Parents? Flat or Falling Incomes in Advanced Economies," July 2016, http://www. mckinsey. com/global-themes/employment-and-growth/poorer-than-their-parents-a-new-perspective-on-income-inequality.

② Emmanuel Saez, "Striking It Richer: The Evolution of Top Incomes in the United States(updated with 2015 preliminary estimates)," *Workintg Paper*, University of California at Berkeley, June 30, 2016.

③ Daron Acemoglu, David Autor, David Dorn, Gordon H.Hanson, and Brendan Price, "Import Competition and the Great US Employment Sag of the 2000s," *Journal of Labor Economics*, 34, no. S1 (Part 2, January 2016):

S141—S198.

④ 对于最近一例,参见 Deloite 的文章。Deloitte, "Technology and People: The Great Job-Creating Machine," August 2015, https://www2.deloitte.com/content/dam/Deloitte/uk/Documents/finance/deloitte-uk-technology-and-people.pdf.

⑤ Congressional Budget Office, "The 2016 Long-Term Budget Outlook," July 2016, www.,cbo.gov/publication/51580.

⑥ Gordon, Robert. *The Rise and Fall of American Growth*(Princeton, N.J.: Princeton University Press, 2016).

⑦ United Nations, *Transforming Our World: The 2030 Agenda for Sustainable Development*, 2015, https://sustainabledevelopment. un. org/post2015/transformingourworld.注意,本书随后凡提到可持续发展目(SDGs)一律同此来源。

⑧ United Nations Framework Convention on Climate Change, *The Paris Agreement*, 2015, http://unfccc.int/paris_agreement/items/9485.php.

⑨ Bertelsmann Stiftung and UN Sustainable Development Solutions Network(SDSN), *The SDG Index and Dashboard*, 2016, http://sdgindes.org.3.

2

投资、储蓄与美国长期经济增长

当社会对其未来进行充分投资时，就会出现长期经济改善。而残酷的事实是，美国已经停止为自己的未来进行充分投资；如此，美国经济缓慢的增长是意料之中且令人惋惜的结果。……在长期储蓄不足与投资不足的情况下，道路、桥梁以及大坝已经摇摇欲坠……

美国的长期经济增长已经放缓几十年了。罗伯特·戈登——如我在第 1 章提到的——认为，1920—1970 年作为美国经济快速增长时期，是一个无法重现的黄金年代。有几位经济学家已经加入戈登阵营，他们认为我们已经进入到长期经济增长停滞的时代。这类宿命论实在是用错了地方。美国以及当今世界，在未来几十年依然能够实现快速经济进步，但前提条件是我们必须解决增长减速的根源。

　　首先，让我们做一些简单统计。年度 GDP 并没有告诉我们太多有效信息。GDP 数据需要定期修正，这样的话，少数缓慢增长的季度其实仅仅是 GDP 数据的偶尔偏差。即便这类缓慢增长的数据是真实的，但只要把增长数据平均到几年内计算，一年的 GDP 增长缓慢就说明不了什么问题了。并且，GDP 增长本身就是一个对福利的漏洞百出的测度。高增长并不能保证经济成果得到共享，而缓慢增长也不必然意味着经济困难就普遍蔓延。在最近几十年中，美国经济增长成果的大部分流进了最富的那一群人手中，而这类人其实最不需要这些财富。

　　不过，即使在考虑了数据错误、短期周期，以及 GDP 与福利之间那些无聊差异之后，仍然毋庸置疑的是，美国日益无力按照过去那样的速度来提高人民生活标准了。1980—2000年，GDP年均增速为3.4%，但到了2000—2014年，增速只剩下一半，为1.7%。美国是一个高收入国家，所以缓慢增长并不必然是一场灾难（例如与极度贫困、战争或者环境恶化相比的话），但是美国经济仍然有做出重要改进的空间。

"长期经济停滞主义者"的重大误解在于将美国经济增长放缓视为是不可避免的，他们认为这是推动未来经济改进的技术机会枯竭的后果。这类宿命论使人误入歧途。当社会对其未来进行充分投资时，就会出现长期经济改善。而残酷的事实是，美国已经停止为自己的未来进行充分投资；如此，美国经济缓慢的增长是意料之中且令人惋惜的结果。

尽管对国民储蓄的简单测度满是漏洞，但是这些测度传达了有用信息。证据表明，自戈登所赞赏的"黄金年代"以来，美国国民储蓄率已经明显下降。储蓄率有两种测量方法：一种分子是不减去资本折旧的"总储蓄"，另一种分子是减去资本折旧的"净储蓄"；分母都是国民收入。净储蓄率要比总储蓄率下降更大，因为资本折旧——作为国民收入的构成部分——在最近几十年增长了（见图2.1）。

对于净储蓄率，我们应当分成私人经济（企业和家庭）和政府两类来看。我们发现，私人和政府储蓄率都已出现大致相同的规模下降，每一类的下降幅度差不多都是国民收入的5个百分点。如今家庭储蓄占收入的比例已经不如几十年前那么高了。政府（包括联邦政府、州政府以及地方政府)的净储蓄率已经从接近零的水平滑落到长期负值的境地(见图2.2)。

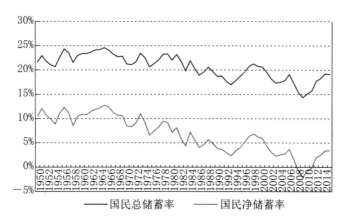

图 2.1　国民总储蓄率和净储蓄率(与 GDP 的比值)

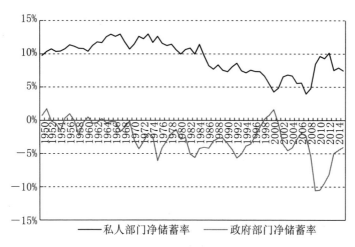

图 2.2　政府与私人部门净储蓄率(与 GDP 的比值)

出现这样的现象可能的原因有以下几点。首先,资本折旧无疑在消耗更多的总储蓄,对一个资本富裕及成熟的经济体而言,这一点是可以预想到的。另外,家庭正在老龄化。再者,政府施政的观念已经转向到民粹主义,在每一竞选周期竞选者都承诺减税,因此也就否认政府还需要必要的盈余来为美国的未来提供公共服务、社会保障以及公共投资。

对 GDP 的国内投资比例已经随着国民储蓄率而下降,尽管前者下降幅度没有后者大。这是因为美国通过向世界其他国家举债,抵消了一部分储蓄下降。图 2.3 展示了总投资率和净投资率,两者都作为 GDP 的构成部分,其中净投资等于总投资减去折旧。总投资作为 GDP 构成部分,自 20 世纪 60 年代以来,已经下降了大约 3 个百分

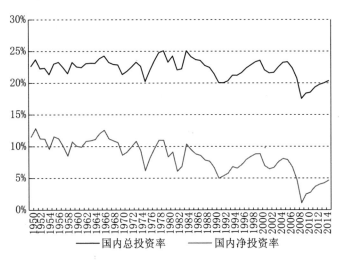

图 2.3　国内投资总值和净值(占 GDP 的比重)

点。净投资下降得更多,大约 5 个百分点,这是因为折旧相对于 GDP 的比率已经提升了。这清楚地表明,作为 GDP 的构成部分,无论是净储蓄,还是投资的比例都已明显下降,由此显著加剧了长期经济增长的下降。

随着公共部门和私人部门储蓄率和投资率的提高,生产性资本成为投资的目标,那么美国就有可能克服长期经济停滞。新型科技突破带来的益处——在基金组学、纳米技术、算法、机器人科学、可再生能源等更多方面——是显而易见的,但前提是我们要对这些科技的发展和应用进行投资。尤其令人震惊的是,终归有一天我们将需要新型清洁能源、需要营养更为丰富的食物、需要更好的教育方式,需要更智能化的城市,但令人震惊的是,现在我们就已削减了国民收入中理应投在基础科学和应用科学中的那一部分。

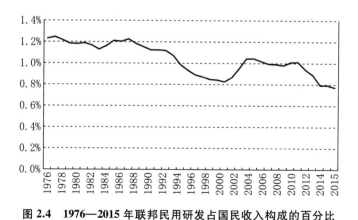

图 2.4 1976—2015 年联邦民用研发占国民收入构成的百分比

在 20 世纪 60 年代,大概有 4% 的联邦预算是用来投给非防御研究和开发(R&D)上的。如今只有大约 1.5% 的预算用于民用研发。作为 GDP 的构成部分,联邦研发总支出从 1967 年的 1.23% 下降到 2015 年的仅 0.77%(见图 2.4)。为了实现减税,我们已经削弱了自身建设一个更加繁荣和可持续未来的集体能力。并且,我们丝毫没有意识到这样做带来的长期后果。

我们肯定注意到在长期储蓄不足与投资不足的情况下,道路、桥梁以及大坝已经摇摇欲坠。而我们很少意识到我们对科学、技艺以及自然资本的敷衍应付。并且,我们仍然没有充分意识到,对未来的投资需要充足稳健的公共与私人储蓄率。"黄金时代"不会轻易就出现;出现黄金时代反映了选择为自身长期福利而充分储蓄和投资的社会。

因此,为了恢复增长,我们需要恢复投资支出。并且,为了恢复投资支出,我们需要办好三件事情。第一,政府需要提高税收,为更多的公共投资提供资金。有观点认为,一些公共投资能够且应当通过债务融资。这是对的,情况也确实如此。但是,如下一章将描述的那样,正因预见到未来几年公共赤字将会提高,所以也非常有必要提高政府收入,以此来支付部分新的公共投资。

第二,政府需要恢复其规划复杂公共投资的能力。在最近几年,差不多每个主要基础设施项目都会陷于监管桎梏与公众争议。政府往往根本就没有长期战略,只进行短期交易耗尽公众信心。当年的国家高速公路项目(20 世纪 50 年代中期到 20 世纪 70 年代中期)以及登月计划(20 世纪 60 年代),公众就能够感觉到联邦政府完成任务的规划和战略。

第三，也许是最重要的一点是，我们需要改革金融系统，将华尔街从高频交易和对冲基金内部人交易转回到长期资本培育。我们都记得作为金融巨擘的美国银行家 J.P.摩根（J.P. Morgan），不是因为他从高频股票市场交易中节省下一个纳秒，而是因为在 20 世纪初期，他的银行为美国众多全新的产业经济进行融资，包括钢铁、铁路、工业机械、家用电器以及新兴的电话系统。美国钢铁公司（U.S. Steel）、美国电话电报公司（AT&T）、通用电气、国际收割公司，以及诸多铁路产业都留下了他的金融印记。如果华尔街继续做金融大杂烩，大搞内部人交易、对冲基金以及其他财富管理，那么它的地位将被只需要一个电脑程序就能运作指数基金取代。

华尔街未来真正的使命是，为可持续投资的新时代而融资，这类投资包括可再生能源、智能电网、无人驾驶电动汽车、物联网（将智能机器接入整合后的城市系统）、高速铁路、宽带连接的学校和医院，以及其他新时代的战略性投资。华尔街需要包括系统设计师、土木工程师，以及项目经理在内的专家经验，这要比那些应用数学家为了给新型金融衍生品定价而鼓捣出个把方程显得更为有价值。金融产业——在过去 10 年曾经带来了如此多的混乱与破坏性——应当再次回到它的核心使命上来，那就是将养老和保险基金的长期储蓄引导到恢复长期经济增长所需要的长期投资中来。

3

解密联邦预算

我们也许都能明白,假如多出 1000 美元会对我们自己的日常生活水平或者消费水平产生怎样的影响。但对美国而言,10 亿美元又能意味什么呢?或者,用 5 年时间在基础设施上投入 1 万亿美元又意味着什么呢?

没有什么比联邦预算对美国未来经济更重要,但我们对它知之甚少。联邦预算将国民产出的约 20% 用于例如健康、教育、科学、环境,以及国防这类的重要优先事项上。它很大程度上决定了有多少美国人要忍受贫困,甚至决定了收入的不平等程度。还有我们对经济学的全国性辩论,以及共和党和民主党的立场,在事关美国前途选择的问题上虽然有所交代,但模糊处理的地方实际上更多。

　　原因如下:虽然人民能够切身合理的感受自己的预算,但是他们却很少能感受到华盛顿方面的税收和支出。我们也许都能明白假如多出 1000 美元会对我们自己的日常生活水平或者消费水平产生怎样的影响。但对全国而言,10 亿美元又能意味什么呢?(提示:在 3.2 亿美国人口的情况下,10 亿美元只不过是人均 3 美元。)或者,用 5 年时间在基础设施上投入 1 万亿美元又意味着什么呢?(提示:在年 GDP 差不多是 20 万亿美元的情况下,5 年时间投入 1 万亿美元大致相当于每年支出国民收入的 1%。)

　　开门见山,美国的财政情况已经动荡不安了。根据国会预算办公室的说法,假如继续执行现有政策,那么在未来 10 年,美国平均预算赤字有可能达到 GDP 的约 4%。而增加基础设施支出、公共服务支出，或者军费支出都会增加一笔巨大且快速增长的债务。

为了解决我们的经济难题，需要对我们理解的预算、政府角色以及财政政策来一次大刀阔斧的改革。然而，无论是共和党还是民主党，都未能提出一套实事求是的解决方法。在奥巴马总统的领导下，经济增长逐步减速、债务增加经济停滞。特朗普总统提出大幅增加支出，特别投向基础设施和军费方面，但也提出要大幅减税。平心而论，这根本就是入不敷出。或者说得更准确一些，特朗普总统这条路到头来就是一场巨大且劳民伤财的债务危机。而我们则需要一套更好的方案。

我们一开始就要认识到，前副总统乔·拜登（Joe Biden）的观察其实是直观的："不要跟我讲你值多少，给我看看你的预算，然后我会告诉你，你值多少。"联邦预算所表达的，正是美国作为一个国家的价值到底是多少；这么说的原因在于，联邦预算显示出我们如何分配国家资源。

没有预算的价值只是一句空话，和所谓的竞选承诺，这说好听些是装天真，其实更明确地讲，就是犬儒式的谎言。奥巴马 2008 年的承诺"是，我们行"失败了，准确的原因是，这些承诺背后没有长期预算规划的支撑。这个解释甚至到 2009 年和 2010 年也还是对的，要知道那时奥巴马在参议院和众议院都占有民主党的多数席位。实际上，奥巴马无力履行其 2008 年竞选承诺早在一开始就埋下了伏笔，从他最初的预算议案就能看出来，他根本无力号召提高联邦收入来支付已增加的支出。

这里简短地介绍一下联邦预算是如何运作的。一方面我们有来自联邦税收的收入；另一方面是财政支出。联邦税收拿走 GDP 的18%，大多数来自所得税和工资税，用来支付老年保健医疗项目"Medicare"以及社会保障金"Social Security"。再加上州与地方税，各级政府总税收达到 GDP 的 32%。让我们把这个数字记在心里。

在联邦支出方面，主要分为四大类。第一类支出用于国家安全。这体现为五角大楼、情报机构、国土安全部门、能源部的核武器项目，国务院的其他国际安全项目，以及退伍军人事务部的相关项目（过往战争的滞后成本）。现在每年的支出总计约为 9000 亿美元，约占GDP 的 4.9%。

第二类支出涵盖各类"义务"项目，包括医疗（老年保健医疗项目"Medicare"、医疗补助项目"Mediaid"、其他医疗项目），社会保障金，以及收入支持项目（例如食物券）。这些加起来大约占 GDP 的12.6%。最近几年，这类支出占 GDP 构成的比重一直在增加。这是因为人口老龄化，以及医保项目价格飙升带来的。当然，老龄化会导致支出的持续增加。

第三类是政府（公共）债务的利息支出。当前，公共债务与国民收入的比率大约是 75%，同时每年债务上的平均利息成本大约是 2个百分点，在此情况下，利息支出大约占到 GDP 的 1.5%。当利率回到更为正常且更高的水平上时，这些成本将会增加。

第四类支出，有时也被称为"非安全委托项目"，包括联邦政府对未来的投资,例如生物医学研究、其他科学和技术、低碳能源研发和部署、教育和工作技能、高铁和其他公共基础设施、司法和刑事系统以及少量用来帮助世界最贫穷国家对抗饥饿与疾病,降低文盲率的支出(仅仅占 GDP 的 0.2%)。

聪明的读者可能已经发现了问题。税收总量大约占 GDP 的 18%。然而前三类支出(国家安全、"义务"项目以及债务利息)就大约占到 GDP 的 19%! 收入甚至无法覆盖前三类支出了,更不要说关键的第四类。因此,借债——而不是税收——必须支付全部的非安全公共医疗委托预算,这是一个可怕又不可持续的情况。

直白的真相是,美国没有提高足够多的税收来为关涉我们未来的关键公共投资进行融资。我们非但没有为高等教育投入充足的联邦基金,反而让年轻人背负了 1 万亿美元的学生债务。我们非但没有升级基础设施,反而继续行驶在破破烂烂的高速公路和桥梁上。我们非但没有建设一个低碳能源系统,反而继续依赖煤炭、石油以及天然气,结果就是危害了整个星球。

特朗普总统说,他将要解决这些问题,但资金从何而来? 2008年,作为总统候选人的时任参议员奥巴马说了同样的话,结果走入了死胡同。奥巴马非但没有为我们的未来投资,反而做主削减非安全公共医疗委托项目的投入,随之而来的是,预算分配的资源从 2008年(在奥巴马上任前不久)占 GDP 的 2.6%,下降为 2016 年仅仅占 GDP 的 2.3%。对这一点的预测显示其情况会变得更糟,到 2020 年左右,非安全公共医疗委托项目支出预计会降到占 GDP 的 2.0%以下。①那些至关重要的联邦项目仍然苦熬日子,这是因为对关键公共投资的预算支出在持续下降。

如果我们想投资 21 世纪的未来,而不是受制于旷日持久的停滞与衰退,该如何做呢?我们要跳出思维定势是最重要的。第一条策略应当是减少铺张浪费的联邦支出。最多的节约应当在军费方面。尽管美国本能地呼吁增加军费支出,但我们还是应当结束这场持久的中东战争,大幅减少美国海外军事基地,并且争取严格限制全球范围内的核武器,而非为新一轮靡费无度的核武器竞赛投资。在后面章节,我也将详细说明美国在医疗总支出方面的节约之道,即使这需要将今天个人医疗支出的一部分转移到联邦预算之中,并大幅度抵减个人医疗支出。

然而,预算改革的首要任务必须要从收入端入手。自从罗纳德·里根 1981 年当选总统以来,我们就拒绝为联邦政府提供充足资金支持,尽管面临人口老龄化的现实,以及我们对先进技术、教育、基础设施和环境可持续性迫切的投资需要。里根在 1981 年告诉我们,政府本身就是问题,不是解决方案;而民主党总统候选人沃尔特·蒙代尔(Walter Mondale)刚说他想要加税,就栽倒在里根 1984 年的压倒性胜利中。从那时起,两党就都无视收入增加的需要,反而高筑公共债务。我们当前是"无本之木",全靠巨额公共债务来支撑整个非安全委托预算。

有那么一段时间,所谓的"进步"理念倒是简单易懂:进步分子会避免提议加税,同时宣称借债正当其时。保罗·克鲁格曼(Paul

Krugman)一次次告诉我们,不要担心公共债务,借债实际上对我们是好事,它能够在刺激需求的同时不给未来增加太多税收负担。许多共和党供给派也这样讲,尽管他们的支出优先项其实不一样(通常提议增加军费支出)。

事情就这样一路发展。到了 2007 年,美国债务占 GDP 的比率是 35%;现在是 75%。按照目前的趋势和政策继续下去,那么根据国会预算办公室的估算,到 2025 年这一数字将大约为 86%,到 2036 年将达到难以置信的 110%(见图 3.1)。[②]目前利率仍然较低;未来当利率回归正常之时——大概年化利率为 4%——债务负担将着实给我们沉重一击,即便是最保守情况,也需要我们至少拿出 GDP 的 3% 来支付利息。

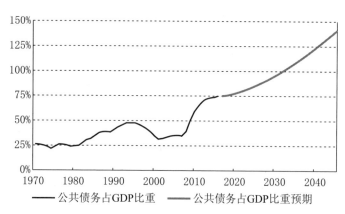

图 3.1　政策不变情况下,公共债务的长期趋势

那么其他国家是如何管理他们的财政预算的呢?很简单,他们

提高税收对国民收入的比率（宏观税负）。美国宏观税负为 GDP 的
32%。相比之下，加拿大在医疗和教育方面，有着极为成功的公共部
门项目，它的宏观税负大约为 39%（而且仍然欣欣向荣）。斯堪的纳
维亚国家——丹麦、挪威以及瑞典——其宏观税负相当于 GDP 的
50%。没错，这些国家收入丰厚，预算赤字更小，宏观税负更低，那里
的人民至少每年享受一次的带薪假期，其公共医疗免费，大学教育免
费，保证享有产假和健全的托儿服务，拥有现代化的基础设施和更加
"绿色"的经济。

　　斯堪的纳维亚诸国和加拿大，尽管其宏观税负更高（或者更确切
地说，因为这些国家用税收购买的社会服务更多），但其国民幸福指
数的总水平要比美国排名更高。在 2016 年国民幸福指数榜上，排名
前六位的国家分别是丹麦、瑞士、冰岛、挪威、芬兰以及加拿大，而美
国则排在第 13 位。[③]那些在国民幸福指数榜上排名前几位的国家，
其宏观税负都比美国更高。因此，它们能够负担大量的公共投资和
公共服务，而这些公共项目正是促进繁荣、改善公平程度，并提高民
众幸福感的关键。

　　那么，美国如何为自己的未来筹资，在不破坏储蓄和投资激励的
同时增加税收呢？部分答案在于结束不合理的税收转移，例如苹果
公司和其他公司为了将利润藏匿在海外避税天堂的那些伎俩一样。
结束公司税务积弊可能带来相当于 GDP 的 1% 的税收。相当于
GDP 的 1% 到 2% 的其余税收可能来自对超级富豪的财产税和所
得税。

但是,正如斯堪的纳维亚的经验,我同样推荐使用增值税(例如全国消费税),这足够提高相当于国民收入 3% 到 4% 的税收。联邦总收入将因此达到相当于 GDP 24% 的水平,如果将联邦、州和地方政府的收入加总,将达到 38% 。这与加拿大的税收水平大致相同,并仍然低于北欧国家的水平。但至少美国就有底气来思考如何为我们的未来进行再次投资了。

作为一名总统候选人,特朗普似乎建议扩充大部分基础设施,并且他表达了增加军费开支的愿望,这很可能要用更多债务来支付。如果堂堂总统还在追求这些目标将是一个失误,将为未来带来巨大负担,并且很可能在一场民粹主义的支出扩张之后,最终以财政危机的局面惨淡收场。一部分基础设施支出可能确实需要由公共债务来融资(尤其是那些将直接产生未来税收的基础设施),但不可能全都如此,尤其是当公共债务的基础情况已是如此不堪重负之时。

共和党人正寻求减低企业所得税率,从而保持那些总部设在美国的公司的竞争力,使其不输于他国公司。减低过高的企业所得税率也许能带来一些好处,前提是能够终结公司税务漏洞以及外国税收延迟条款。但更为基本的前提是,任何企业所得税改革都要与引进增值税或类似税种相结合(例如累进消费税),以此保证政府总收入对 GDP 的比率的增长足够负担未来的需要。

以上观点当前还不在政治主流观点之内,但是我相信,主流观点终会回到国家政治的中心问题上,那就是美国人民意识到,两党都在透支人民的未来之时。伯尼·桑德斯(Bernie Sanders)参议员在他的总统竞选中,一直致力于推动实现更多的政府收入,以此支撑更大的公共投资。在年轻人间,他肯定是一呼百应。我相信,这一信息很快将会更为广泛地引领美国政治的前进方向;这对于我们的经济未来至关重要。

注释

① Auxier, Richard, Len Burman, Jim Nunns, and Jeff Rohaly, *An Analysis of Hillary Clinton's Tax Proposals*, Tax Policy Center, March 3, 2016, http://www.taxpolicycenter.org/publications/analysis-hillary-clintons-tax-proposals/full.

② Congressional Budget Office, "The 2016 Long-Term Budget Outlook", July 2016, www.cbo.gov/publication/51580.

③ John Helliwell, Richard Layard, and Jeffrey Sachs, eds., *World Happiness Report 2016*, http://worldhappiness.report/wp-content/uploads/sites/2/2016/03/HR-V1_web.pdf.

4

后"汽车时代"的可持续基础设施

"汽车时代"正在进入尾声。汽车仍会与我们同在,但不再会成为我们生活、经济以及文化的核心。……我们的使命是"发展优质、可靠、可持续和有抵御灾害能力的基础设施,包括区域和跨境基础设施,以支持经济发展和提升人类福祉"。

19世纪早期，美国的突破性基础设施是伊利运河。这条运河连接起美国中西部农产带与纽约港和东部沿海地区。在19世纪后半叶，铁路建设开创了第二场基础设施革命，它将两个大洋以及之间的大陆连接了起来。在20世纪中叶，具有变革意义的基础设施是州际高速公路系统。有了汽车，美国20世纪的爱情故事里，"有情人"往往都能"终成眷属"。

每一轮基础设施建设的新浪潮都支撑了半个世纪时长的经济增长。但是，每一轮基础设施建设的浪潮也都碰到了固有的限制，一部分基础设施会引发副作用，例如污染、交通拥堵，或者新一轮收入和地位的不平等，还有一部分会被新一轮技术革命所赶超。这些都将与我们这代人同在。

我们的使命是重建基础设施，使其满足新需求，比如气候安全，以及诸如无处不在的网络信息和智能机器带来的新机遇。联合国可持续发展目标第9项(目标9.1)呼吁全体国家"发展优质、可靠、可持续和有抵御灾害能力的基础设施，包括区域和跨境基础设施，以支持经济发展和提升人类福祉，重点是人人可负担得起并公平利用上述基础设施"。

我们这代人也需要为了另一个非常基本的理由而重新投资基础设施。美国的核心基础设施——高速公路、电网、水处理以及废物处理系统——目前至少使用了50年了,其中许多更是年久失修。美国土木工程师协会估计,未来10年,我们需要大约3万亿美元的基础设施投资,才足够升级老旧破败的资本存量。[①]该组织还估计,我们现有的钱只够支付总数的一半,仍有高达1.4万亿美元的融资鸿沟亟待填补。

对基础设施的长期投资不足问题至少可以追溯到30年前,特别是从州际高速公路系统完成后该问题日益严重。在20世纪80年代之后,在里根总统任内,仅仅在水和交通基础设施方面,公共支出就从GDP的1%下降到0.6%,详见图4.1。

图 4.1　联邦对交通和水方面的投资占 GDP 的百分比

我们并未建设全新的、前沿的基础设施,仅仅开始对现有系统修修补补。我们这么做已经有 30 多年了。但是,现有基础设施已近垂暮,仅是修补将远远不够;需要更为根本性的改革。

当今,两大党派几乎在所有问题上都互不认同,只有一个共识正日渐清晰,那就是加大对基础设施的投资。在 2016 年总统大选期间,希拉里·克林顿呼吁在未来五年的新建基础设施支出上,增加 2750 亿美元。唐纳德·特朗普回应认为,2750 亿美元还不够,同时他与伯尼·桑德斯都以 1 万亿美元的基础设施投资作为竞选承诺。虽然竞选时候的立场都仅仅是许诺而非政策,但这些在这次大选中的态度似乎在向社会释放一种信号:修修补补、得过且过的时代已经走到尽头了。

然而,关于基础设施支出到底用在哪里、如何使用的问题,却极少被讨论到。奥巴马政府就是一个活生生的案例样板,告诉大家不讨论这些问题的后果。奥巴马曾经尝试去增加基础设施支出,以此作为他第一个任期内 2009 年刺激支出的一部分。但是,从形成高质量投资的角度看,2009 年的一揽子刺激政策设计的错误百出。刺激支出针对的是创造就业机会而非长期转型。回想一下,当时政府最喜欢的流行语是"万事俱备的项目"*,这让人联想到"大萧条"时期"罗斯福新政"中那些劳动密集型公共项目支出,而不是 21 世纪需要的高科技。结果是,奥巴马政府根本没有给在基础设施建设领域带来任何有持续性的结果。除了年复一年的对高速铁路大谈特谈之

---

* 即"shovel-ready project"。——译者注

外，哪怕是 1 英里的高速铁路都没能建成。

我建议要采用与短期"刺激"相反的方法，我称之为"长期思考"，或是"长期规划"（这使用了让华盛顿方面深恶痛绝的概念）。我们不应当尝试给建筑工人安排 60 天的生计，而建议我们应展望未来 60 年的城市环境。在美国基础设施建设目标的共识之下，实实在在地设计和建设全新的交通、能源、通信以及水利系统，肯定至少还需要一代人，正如半个世纪之前州际高速公路系统所表明的一样。在艾森豪威尔总统任内，州际高速公路系统得到《1956 年联邦高速公路援助法案》(the 1956 Federal Highway Aid Act)的立法授权，而实际工程建设历经肯尼迪、约翰逊、尼克松、福特以及卡特共五任总统，在两党合作之中持续了四分之一个世纪。

新视角应当从一个基本事实出发："汽车时代"正进入尾声。是的，汽车仍会与我们同在，但不再会成为我们生活、经济以及文化的核心。我们将共享汽车，而不是人人都要拥有汽车；我们会支持全新的城市范式——鼓励步行、循环利用，以及其他保持健康的方式；我们会喜欢公共交通的全新选择；我们当然也会通过虚拟手段增加互动，例如现在无处不在的视频会议已经取代了亲自参会。

内燃发动机的时代也正进入尾声，而绿色环保的电动车和其他低碳出行方式将取而代之。美国家庭将不会在意每个车库里要必须放两台车了，取而代之的是每部手机上都有出行应用程序，随时可以招来一辆无人驾驶汽车，只需分享，不必拥有。在高密度城市，汽车总数将会大幅度下降，而汽车的使用频率（按每天出行人次计算）将飙升。低收入家庭将很可能因为交通服务的改进而大获裨益，这就像当年低价手机服务普及一样。

因此，基础设施的第一要务是畅想。我们希望未来生活在什么样的城市和乡村之中？这又需要怎样的基础设施系统来支持？并且，谁应当来规划、开发、建设、投资，并且运行这些系统？这才是我们面临的真正选择，尽管时至今日，我们的政治辩论中极少涉及对相关问题的思考。我对这些问题的最佳猜测如下：

我们所寻求的基础设施应当遵循可持续发展的三条底线。即，公路网、能源网、水利网通信网都应当支持经济繁荣、社会公平以及环境可持续性。这三条底线反过来将会促使我们采用三条指导原则。

第一，基础设施应当"智能"，要采用最先进的信息和通信技术，以及全新的纳米技术，以此实现对资源的高效利用，如可以减轻汽车重量的新型碳纤维材料。

第二，基础设施应当共享并公开使用，无论是共享汽车、公共场合中开放可连接的网络信号，还是城市中共享的环保空间，都在此列。

第三，交通基础设施应当促进公共卫生和环境安全。全新的交通系统不仅应当倡导电动车和其他零排放汽车，更可以多提倡步行，骑自行车，或使用公共交通工具。发电坚决要转向零碳初级能源，例如风能、太阳能、核能。城市环境应当能够抵御日益上升的海平面、日益升高的气温、日益频繁的热浪以及更为极端的风暴天气。

但症结在于市场无法独自实现这些目标。基础设施需要在土地利用方面进行多种多样的选择。例如，在20世纪，市长、州长以及国会(当然是由大石油公司和大汽车产业的密集游说所支持的)的理性决策是选用城市土地来修建道路和高速公路,而不是有轨电车和轻轨。现在我们需要的理性决策则是不再选用以碳基能源为基础的交通系统,以此支持清洁能源和电气化。

例如在美国东北部,去碳化可能需要与加拿大合作,通过扩大电网系统,从哈德逊湾附近区域向魁北克输送更多水电。这个战略需要终端用户和水电供给方之间形成长期购买协议,同样需要在加拿大和美国之间构建复杂的公共权责关系,这涉及美国几个州。简而言之,在美国和加拿大东北地区*形成一个低碳水力双边项目,将会成为一个重要公共政策决定,这涉及多方参与,包括主要城市(例如波士顿与纽约)、数个州与地区电力运营商以及公共事业监管部门,以及两国政府。

我近期协助领导了一个关注世界主要排放国家"深度去碳化"的项目②,也包括美国。为了实现《巴黎气候协定》所设定的目标,即全球气温升幅"低于2℃"(即3.6℉),全体国家将要建设低碳基础设施。我们的项目检查并证实了去碳化的技术与经济可行性。我们认为,新型基础设施必须基于三项低碳战略支撑:对能源的高效利用(通过智能电网和智能家电实现);零碳发电(风能、太阳能、水能、核能、生物燃料);在动力方面,从内燃机转向电动车,从燃油的锅炉转向电力驱动的热泵。我们也论证了伴随着发电方式向低碳能源发电

---

　　* 加拿大东北地区指哈德逊湾附近地区,包括魁北克省。——译者注

的转变,美国经济可以走上一条可行的、低成本的深度去碳路径,参见图 4.2。

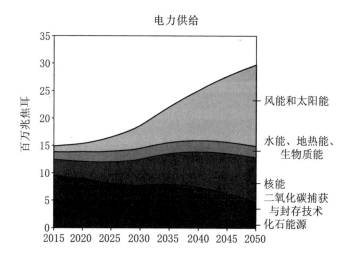

电力供给

风能和太阳能

水能、地热能、
生物质能

核能
二氧化碳捕获
与封存技术
化石能源

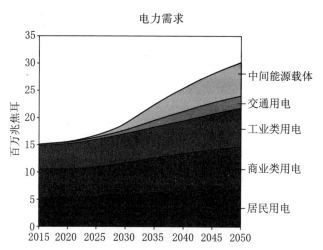

电力需求

中间能源载体

交通用电

工业类用电

商业类用电

居民用电

图 4.2 美国实现低碳电力之路

但是我们还发现了在邻国之间以及全国和地方政府之间,存在形成长期规划与强有力合作的本质要求。在去碳化方面,根本没有"万事俱备"的东西。其挑战的难度相当于登月计划的技术复杂性再加上建设州际高速公路系统的组织复杂性。

一旦我们在总体方向上达成共识,就应当为地方创新提供充足空间以及金融激励。始于2016年9月的匹兹堡试验正好说明这一点。市政府联合了优步公司和作为信息科学世界领袖的卡内基梅隆大学。市政府这么做是为了引入共享的自动驾驶交通服务。毫无疑问,我认为这样强有力的合作将带来重大突破,并将对全美国的城市产生示范作用。我的自信亦来自一个事实的鼓舞,即基于电动车的共享驾驶符合可持续发展的所有目标:车辆使用效率(极大地减少人均汽车数量),共享经济带来高社会利用以及环境可持续性。

美国经济增长缓慢的一个重要原因是,在全国范围内,基本的基础设施决策迟迟无法落地,这使得私人投资者一直无法参与其中。公共投资受到长期资金不足的阻碍,这种情况下,私人投资不可避免地也被束缚了手脚。我们会与加拿大进行更多的水力合作吗?我们会坚决地转向使用电动车吗?我们是要重新投资核能,还是要终结这个产业?我们会投资新型的州际电力输送线路,从而将低成本的可再生电力输送到中心地区吗?我们会建设高速城际铁路吗?我们会重建基础设施,以此推广高密度、社会融合性好、低碳的城市生活吗?我们会建设智能电网,以此支持自动驾驶汽车、提高能源效率或类似的事情吗?清晰而有力的公共政策回答将会极大地增加私人投资机会。

但是,谁又来规划这些系统呢?中国成功地铺设了 20000 多公里的高速铁路(速度超过 200 公里/小时),中国有国家发展与改革委员会协调统筹投资优先方向,并为国家巨大的基础设施需求来组织融资支持。当然,美国的基础设施规划过程截然不同,市民、地方政府、智库以及法庭会更多地参与其中,以此巩固监管标准和流程。但是,我们确实需要一个让推动规划的国家程序。

我建议特朗普总统和新一届国会尽快建立一个关于 21 世纪基础设施的全国委员会,包括国会议员、各行政部委、州和地方政府代表、美国工程院,加上学界、企业界和社会团体,和衷共济地为美国谋划一个智能的、包容的、在环境上可持续的基础设施愿景。一年之内,这个委员会应当向国会、总统以及美国人民提供议案。国会可以在 2018 年根据其议案采取行动,以此利用充分时间在未来几十年付出实实在在的努力。

最后,同样重要的是,在未来几十年中,落实这样一个规划需要有上万亿美元的资金支持。对此,公共收入有几种明确的来源:化石燃料税、使用费、一般政府收入、发行债券、土地改造税、公共租赁与使用费以及私人项目融资。针对私人资本的广阔需求,华尔街应担当一个全新的、社会建设性的角色,而不是进行一些高频交易和兜售"有毒"资产。在美国为可持续发展建设全新基础设施的时候,华尔街应当也回归到其作为金融动力之源的角色定位上,为世界最具活力的经济体作出贡献。

注释

① American Society of Civil Engineers, *Failure to Act: Closing the Infrastructure Investment Gap for America's Economic Future*, Boston: Economic Development Research Group, 2016.

② 深度去碳化路径项目(Deep Decarbonization Pathways Project,缩写为DDPP)是一个由全球能源研究团队合作的研究,旨在记录研究者所在国家在深度减少温室气体排放方面的实践路径。所谓深度减少,指的是严格采取一起必要手段,将全球变暖限制在2℃或者更少。见J.H. Williams, B. Haley, F.Kahrl, J.Moore, A.D. Jones, M.S. Torn, and H.McJeon, *Pathways to Deep Decarbonization in the United States*, The U. S. Report of the Deep Decarbonization Pathways Project of the Sustainable Development Solutions Network and the Institute for Sustainable Development and International Relations, 2014. Revision with technical supplement, November 16, 2015。

5

直面收入不平等

美国的可支配收入不平等是富裕国家之中最高的;美国正在付出高昂的代价,因为严重且日益严峻的收入不平等而损耗公共福利,因为无法将更多的利益转移给穷人和工薪阶层。

2016 年,美国人口普查局公布了一组振奋人心的数据,2014—2015 年家庭收入中位数增长了 5%,这是有记录以来最大幅度的单年增长。但只要审视一下长期态势,就能够得到一个发人深省的观点。①家庭收入的跳跃式增长仅仅是在弥补之前的差距;2015 年,收入中位数实际上低于 1999 年的水平——那可是 16 年以前了。

虽然自 20 世纪 90 年代以来,家庭收入中位数增长就已经停滞了,但是更贫穷家庭平价收入的增长停滞时间则更长,差不多有 40 年时间。同时,处于或者接近收入分布最高组的家庭,他们的生活水平有了大幅度提高。②结果就是,富裕家庭与贫穷家庭的收入差距在赤裸裸地加大。显然,这些被落下的人们推动了唐纳德·特朗普和伯尼·桑德斯参加总统大选。

在收入不平等急剧恶化方面,美国不是个案。许多富裕或贫穷的国家,在最近几十年也遇到了不平等显著加剧的问题。严重且日益严峻的不平等问题与社会福祉关系重大,以至于联合国成员国采纳了可持续发展目标第 10 项"减少国家内部和国家之间的不平等",这是全体联合国成员国首次对抗击不平等给予如此重要的关注。

实际上,也许在美国没有比收入不平等更具争议的问题了。每个人都有一套理论来解释:为什么贫富差距在加大,以及做哪些事情——如果还有什么能做的话——能解决这个问题。要想回答为什么美国的收入不平等问题尤为严重且日益严峻,作出一个全面解释是有帮助的。

有三个主要力量影响这个问题的答案:技术、贸易、政治。技术创新增加了对高技能工人的需求,由此拥有大学学历工人的收入被推高,只有高中学历工人的收入相对下降。全球贸易将产业工人的工资暴露在严峻的国际竞争环境中,工资水平更低的廉价劳动力在国际化大生产中竞争力更强。并且在过去 35 年,美国联邦政治倾向于弱化工薪阶层的政治角色,削弱工会的谈判能力,限制或者减少工薪阶层家庭所得到的政府福利。

以技术为例。纵观现代史,人类发明精巧的机器以替代繁重的体力劳动。这一直都带来巨大收益:繁重的农活、矿业以及重工业意味着艰苦劳累、危险和疾病,大多数(尽管不是全部)美国工人都幸运地逃过了这些。农活早就不存在了,但在极个别情况中,农活那种劳心费力的苦差事已经变成了办公室的工作。现在,农业工人和矿工加在一起,在劳动力总人口中的比例也达不到 1% 了。

但与那些消失了的农活相比,办公室工作需要更高的技术。新出现的办公室工作需要高中学历,近来更需要大学学历了。所以,谁从中受益呢?中等收入阶层和高收入阶层的孩子足够幸运,他们因新出现的办公室工作而获得教育机会和技能。那么,谁在其中受损了？大部分情况下，穷孩子负担不起学费，也就无法学习技术、提高技能以满足那些办公室工作日益提高的技能需求。

现在，教育与技术之间的竞赛再一次激烈起来。与以往相比，机器正变得更智能、更快——确实，快到让无数家庭都无法帮助他们的孩子留在劳动力市场。当然，好工作还是有的，只要你能够从麻省理工学院计算机科学系拿文凭毕业，或者至少在那个方向上学过一点。

全球化与技术密切相关，且技术也确实使得全球化成为可能。一个类似的效应则是，技术也将挤压低技能工人的收入。不仅流水线机器人在竞争美国国内的工作机会；距美国半个世界之远的那些廉价劳动力也参与竞争。因此，在美国所谓的"贸易商品"行业——（即与进口商品直接竞争的行业）——工作的工人面临着工资大幅下降的额外打击。

在很长一段时间内，经济学家拒绝承认公众的担心会成为现实，后者认为贸易会抑制那些低技能工人的工资。22 年前，我在一篇合作文章中提出，与中国以及其他劳动密集型国家进行，越来越多的贸易正在挤压美国低技能工人的收入。[3]然而这篇文章遭到了质疑。一代人的时间过去了，经济学界大多已经开始意识到，全球化是收入不平等加剧的罪魁祸首。但这并不意味着全球贸易就应当结束，因为贸易确实扩大了总体经济。然而，这也确实说明，开放贸易要与改善低工资与低技能工人群体的政策相结合，特别要照顾那些直接受到全球贸易冲击的工人，当然也要包括那些受到间接影响的工人。

许多对收入不平等加剧问题的分析仅停留在这个水平上,它们强调技术与贸易之间相辅相成的关系,也许还辩论一下两者的相对重要性。但影响收入不平等加剧的第三个方面——政治的角色——也许才是三者之中最重要的。政治的重要性体现在两方面。第一,政治有助于工人与公司之间谈判工资高低的能力:在资本与劳动之间,利益的蛋糕如何分配。第二,政治决定联邦预算是否会用于将经济增长的好处普及到工人和落后的家庭上。

不幸的是,美国政治已经逐渐将政府的力量放在大企业那边,并与工薪阶层对立。还记得里根革命的例子吗?它为富人和公司减税,竟然为工人而破坏工会。还记得比尔·克林顿那项"终结我们所知的社会福利"的方案吗?它让穷人和工薪母亲陷于长距离通勤只为了微薄的薪水,而他们的孩子却常常被留在脏乱差的环境中。还记得联邦最低工资的问题吗?国会将其长期维持在低水平,以至于最低工资的通货膨胀调整价最高不过1968年的水平。

显而易见的是,联邦政治已经背离了穷人和工薪阶层。政治系统已经变成"有偿服务",2016年联邦选举周期花费了约70亿美元,这些钱很大程度上来自于汉普顿的富裕阶层以及华尔街和石油大企业的高管,这其中肯定没有那些靠失业救济金为生的小民小户什么事儿。正如富有洞察力的政治学家马丁·吉伦斯(Martin Gilens)令人信服地证明的那样,提到联邦公共政策时,实际上只有富人的观点才能对华盛顿产生影响。

所以到最后,美国收入的不平等变得严重且日益严峻,然而在其他国家,面对同样的技术和贸易因素,不平等却保持在较低水平,且不平等的严峻性并未如此突出。如何解释这种结果上的不同?在其他国家,民主政治为普通选民而非富人提供了发言权和代表性。选票和选民比美元更重要。

为了进一步对美国与其他国家进行比较和深入研究,有必要测度每个国家的收入不平等程度,可以采用两种方式。第一种是测度家庭"市场收入"的不平等程度,即,不考虑税收和从政府那里获得的转移支付时的家庭收入。第二种是测度"可支配收入"的不平等程度,此时要考虑家庭纳税额和获得的转移支付。

两种测度方式的不同说明了由政府税收和支出实现的收入再分配的程度。在所有高收入国家,市场收入不平等程度都比可支配收入不平等程度要深。对富裕人群的税收,以及贫困人群得到的转移支付,两者有利于抵消部分市场不平等程度。

图 5.1 展示了这种高收入国家间的比较。这里对每个国家都计算了基于"基尼系数"对不平等程度的两种测度。基尼系数是对收入不平等的一个测度,它的数值范围从 0(家庭收入完全平等)到 1(收入完全不平等,此时 1 个家庭拥有全部收入)。各国从总体上而言,其可支配收入的基尼系数处在 0.25(低度不平等)到 0.60(非常高度不平等)之间。

在图 5.1 中,我们看到每个国家基尼系数的两个值:一个基于市场收入的较高值(较高的不平等),一个基于可支配收入(即考虑了税收和转移支付)的较低值(较低的不平等)。可以看到,在每个国家税收—转移支付系统至少将一部分收入从富人转移到了穷人那里，降低了基尼系数。但是，不同国家的再分配净值是不同的，而这个值在美国是特别低的。

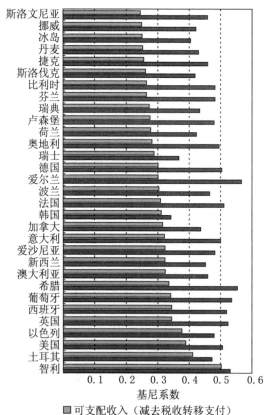

图 5.1　测度收入不平等

例如，用美国和丹麦作个比较。在美国，市场收入的基尼系数的值非常高，为 0.51，而在可支配收入上是 0.40，仍然相当高。比较而言，丹麦的市场收入基尼系数就比美国低一点，为 0.43。但丹麦的可支配收入基尼系数就非常低了，只有 0.25。美国的税收—转移支付系统只把基尼系数降低了 0.11。丹麦的税收—转移支付系统则将基尼系数降低了 0.18，仍然是美国的一半。

丹麦是如何让可支配收入不平等程度保持在如此低水平状态的呢？答案在丹麦的财政预算政策之中。与美国相比，丹麦收税更高，并用更多的税收提供免费医疗、托儿服务、病假、产假与陪产假、带薪假、免费大学教育、学龄前儿童项目以及其他更多服务。丹麦将高达 51% 的国民收入作为税收，同时提供了稳定、广泛且高质量公共服务。美国宏观税负只有 32%，同时只提供了一个"风雨飘摇"的社会安全网。在美国，人民被抛弃，要么沉没，要么挣扎。许多人沉没了。

所以，许多美国人都会暗想，丹麦人肯定活得非常悲惨，被高税负压得喘不过气来，对不对？可惜，不太对。丹麦实际上是世界幸福指数榜上排名第 1 位的国家，美国只排在第 13 位。与美国相比，丹麦的预期寿命也更高，贫困率更低，丹麦人更加相信政府，与政府深信彼此。

美国应当吸取的关键教训是：美国的可支配收入不平等是富裕国家之中最高的；美国正在付出高昂的代价，因为严重且日益严峻的收入不平等而耗损公共福利，因为无法将更多的利益转移给穷人和工薪阶层。

我们的美国已经成为这样一个国家,人民与政府之间彼此怀有深深的不信任感;我们的美国已经成为这样一个国家,有着一大批社会底层群体,他们无力购买所需的药品,无力支付学费、房租和按揭贷款。尽管在过去 50 年,国民收入差不多变为之前的 3 倍,但是相关调查报告中指出,美国人民的幸福感没比 20 世纪 60 年代高多少。美国社会关系的破裂、越来越多的孤独感和不安全感正在侵蚀美国梦和美国精神。这些问题甚至增加了非西班牙裔美国中年白人的死亡率,令人震惊的是,超长寿命人口的增长趋势最近发生了逆转(我将在第 8 章深入探讨这个问题)。

当前的趋势甚至会变得更糟,除非美国政治转变方向。正如我将在第 6 章谈到的,更为智能的机器和机器人时代即将到来,将取代低技能工人和机械工人。他们的工资会因此变得更低,除非有人能够接受更高的技能训练,获得更高级的技能。资本所有者(那些拥有机器人以及操控机器人软件的人)将会获得巨大利益,但许多年轻人将找不到薪水合适的工作。由此,技术进步将导致社会凝聚力进一步下降。

问题就是这样,除非我们决心用不同的方式做事。28 个经济合作与发展组织(OECD)成员国的可支配收入不平等程度比美国低,即便这些国家有着与美国相同的技术,并在同样的全球市场中竞争。这些收入不平等的对比更说明了,美国严重的不平等只是美国自己的选择,而不是现代世界经济不可违背的规律。

注释

① Bernadette D. Proctor, Jessica L. Semega, and Melissa A. Kollar, "Income and Poverty in the United States: 2015," U.S. Census Bureau Report Number P60—256, September 13, 2016, http://www. census. gov/library/publications/2016/demo/p60—256.html.

② Emmanuel Saez, "Striking It Richer: The Evolution of Top Incomes in the United States(updated with 2015 preliminary estimates)," Working Paper, University of California at Berkeley, June 30, 2016.

③ Jeffrey D. Sachs and Howard J. Shatz, "Trade and Jobs in U. S. Manufacturing," *Brookings Papers on Economic Activity 1994*, no.1(1994): 1—84.

6

"智能时代" 的就业前景

我们需要追求的政策, 要保证即将到来的智能机器时代为我们和我们的福祉而工作, 而不是要我们为了机器和控制机器运行系统的少数人工作。

19 世纪初以来，技术革命的几次浪潮改变了我们工作和生活的方式。每次新的技术奇迹——蒸汽机、铁路、远洋汽轮、电报、收割机、汽车、广播、飞机、电视机、计算机、卫星、移动电话以及现在的互联网——都改变了我们的家庭生活、社交生活、工作环境、学校生活以及娱乐方式。两个世纪以来，我们一直都在追问，是否会出现更强力的机器能够将我们从繁重劳动中解放出来，或将我们彻底奴役。

寻找这个问题的答案变得愈发紧迫。IBM 的"深蓝"和其他可以下国际象棋的计算机现在已经可以轻松击败世界冠军了。谷歌旗下的"DeepMind"在 2015 年 10 月击败了欧洲围棋冠军。IBM 的认知计算系统 Waston 已经从综艺节目"危险边缘"（Jeopard）的世界冠军变成了医疗诊断的专家。匹兹堡街上的无人驾驶汽车只差一步就可以代替优步司机了。工业机器人 Baxter 正逐渐广泛地参与流水线和仓储运营工作。即将到来的智能机器时代，到底会带给我们闲暇和福祉，还是失业率和下降的工资呢？

这个问题的答案并不简单。在一个越来越依赖智能机器的经济体中，人们对自己的就业前景既没有共识，也没有进行深入思考。机器不断变得更为智能,速度之快使它们对未来就业前景、家庭生活、学校教育以及休闲生活的影响众说纷纭。

我们需要追求的政策,要保证即将到来的智能机器时代为我们和我们的福祉而工作,而不是要普罗大众为了机器和控制机器运行系统的少数人工作。至于可持续发展的其他主要挑战,在面对就业危机上美国不是个案。全世界都必然感受到了这种挑战。

在某种程度上,智能机器的经济效应很像国际贸易的经济效应。贸易扩大了国家的经济蛋糕,但是也改变了蛋糕分配的方式。智能机器也一样。过去,更智能的机器也扩大了经济蛋糕,并将工作机会和收入从低技能工人转移到高技能工人。未来,机器人和人工智能很可能将国民收入从各类工人那里转移到资本家手里,从年轻人那里转移到老年人手里。

想想 19 世纪之初英国的工业革命,由詹姆斯·瓦特(James Watt)的蒸汽机、纺织生产的机械化,再加上铁路,这些创造了第一个工业化社会。毋庸置疑,经济蛋糕明显扩大了。从 1820—1860 年,英国的国民收入差不多翻了一番。但是,传统纺织工人被迫丢掉工作;卢德派运动(the Luddites)——英国工人的早期运动——尝试去捣毁那些让工人陷入贫穷的机器;诗人威廉姆·布雷克(William Blake)将那个全新的工业社会描写为"黑暗的撒旦磨坊"。是的,经济蛋糕变大了;但要说所有人都能分享全新的繁荣,那是绝对不可能的。

回溯那些强大的机器越来越多的两百年(也伴随着操作机器的技术和系统的发展),我们能够看到一个逐渐重要的真相:技术进步使社会更为富裕,但也对赢家和输家不断洗牌。类似的,一个日渐重要的范式在反复上演。技术进步对那些受过更高教育和训练的人有利。智能机器需要训练有素的专家来操作它们。一个扩大了的经济蛋糕对具有管理和专业技术的人有利,他们能够在金融、政府、管理以及技术系统的复杂迷局中游刃有余。

总体上看,更好的机器让国民收入迅速增加,同时明显减少花费在繁荣体力劳动的劳动时间。1870年每周工作70小时变成今天每周工作35个小时。平均6年的学习时间也变成了平均17年的时间。①随着预期寿命不断增长,大多数工人现在有望获得15年或者更长的退休时间,这在19世纪后期可是想都不敢想的事情。令人惊讶的是,对于15岁及以上的美国人而言,现在每天的平均工作时间只有3小时11分钟。②有工作的人平均每天工作7小时34分钟,但是15岁及以上的美国人中,只有42.1%有工作。剔除睡觉和洗漱时间,其他时间则用来上学、退休在家、照看孩子、休闲和运动、购物以及家庭活动。

19世纪的智能机器提供了大规模动力(蒸汽机),带来了交通运输(铁路、汽轮、汽车)、通信(电报),以及物质转化(钢铁厂和纺织厂),同样重要的是,在农场劳动和矿场劳动出现了对人力——劳筋费力的体力劳动——越来越多的机器替代。播种机、轧棉机、脱粒机、收割机、联合收割机以及20世纪初期出现的拖拉机,不仅仅新开垦了大量农田,而且用机器替代了数以百万计的农业工人。20世纪的前几十年里,轴式摘棉机在南部农场替代了数以百万计的美国黑人佃农,并促使美国黑人开始了那场向北方城市伟大的迁移。

随着机器能做的事越来越多,这类繁重体力劳动也越来越少;但是留给较低技能工人的工作机会和收入也同样减少了。那些足够幸运的人接受了教育,能够掌握新工作所需要的更高技能。那些不幸的人就只能停滞不前,或者忍受工资下降与社会地位的进一步下降。在过去的 20 年里,越来越多的低技能工人就完全被劳动力市场抛弃。

对此,最重要的政策回应是确保学生有足够的时间留在学校,以获得他们所需的、满足全新工作和更好工作要求的技能。只要全国技能工人的供给与需求的增速差不多保持一致,同时低技能工人的供给随着低技能工作岗位的减少而减少,那么低技能工人与高低技能工人的收入差距就会保持相对稳定。这样的话,美国人逐渐增加的受教育年限就与低技能向高技能转换的速度保持了大致平衡。③

但是大约在 1980 年之后,高学历工人(例如那些有本科及以上学历的人)的收入相对于低学历工人(那些有高中学历或以下的人)大幅度增加了。更大的国际贸易与离岸外包业务也许在其中发挥了一定作用,技术也发挥了作用,同时更智能的机器在越来越多的体力劳动和手动和重复性工作中取代了只受过高中教育的工人。最近几十年,劳动力向较高技能工人的转化速度不够快。许多美国较低技能工人已经遭受到失业和工资下降的冲击。

今天的智能机器正不仅仅取代人类体力,更在取代人类大脑。未来学家雷·库兹韦尔(Ray Kurzweil)和其他人普及了"奇点"(singularity)

这个概念,"奇点"指的是在不远未来的某个时刻,机器在几乎所有事情上都比人类要更出色,包括移动、组装、驾驶、写作、计算、作战、教学(对我可是坏消息!)以及其他事情。

几份包括来自牛津大学和麦肯锡的近期研究,都在尝试估计未来 20 余年中被智能机器取代的岗位比例。④ 这些研究分析了每种职业是否被需要。它们是高度重复的劳动,还是有高度专用的技术?它们是否需要高度专业化的机械操作技能,是否需要与其他人的高度互动,或者是否需要与工作者的高度情感共鸣?等等。从这个对工作任务的分类来看,研究人员估测了能够被机器人和人工智能所替代的工作占比。他们的答案是:今天大约一半的工作将至少受到智能机器某种替代的影响。

理解其中深意有点难度。一方面,更智能的机器意味着更多的经济产出,并且从总体上看,也就意味着有更大的经济蛋糕可供美国人民分享。投资机器,或者生产机器运行智能系统的公司,将有可能获得高回报;资本所有者将很可能获益。另一方面,更智能的机器意味着对工人的需求也将下降。年轻人有劳动能力但没有财富投资,他们会发现自己处于经济弱势一端,拿着更低的工资,并且也无望从资本的高收益中获利。年龄大的有钱美国人将有可能获益,而年轻且没有财富积累的美国人将有可能落后。

然而,这远不是问题的全部。如果今天的年轻人发现自己没有工作,那他们不但会变得更穷,更会因为收入萎缩而储蓄得更少。是的,更智能的机器将会为储蓄提供更高的回报,但是国民储蓄供给将会萎缩。严谨的理论分析揭示了一个惊人的事实:智能机器实际上会导致事态螺旋恶化,也就是说,当今一代的年轻人因无法找到体面工作,就会减少储蓄,这样一来,后一代的年轻工人将会更糟。

这确实是一个可怕的景象。但是,同样的分析也提示了解决之道。如果富有的资本所有者将他们的意外之利转移给那些挣扎的年轻人,那么无论是对富有的老人还是贫穷的年轻人来说,拥有智能机器都要比没有智能机器更好。实际上,富有且年老的股东将会补偿贫穷的年轻人,前者将为后者抵消工资的下降。

这种"抵消"可以通过两种方式实现。在家庭内部,家长可以从他们增加的财产中转移一部分给他们的孩子;但归根结底,这种方式主要还是对更富有的家庭才有用。

对不那么富裕的人,真正的解决办法可以并应当通过财政政策实现。富有且年老的股东应当被征税,以此作为对贫穷年轻人的转移支付。

这类转移支付可以通过许多形式实现:减少工资税、高等教育免学费、对低工资工人扩大他们免所得税的额度(EITC),或者提供年长者支付年轻人的"逆向"社会保障体系。有一个已被提出的政策是为每一名新生儿提供一份资本资助,由财产税提供金融支持。说到底就是,每名新生儿在出生时都将得到一个机器人(或者对一个机器人的金融利权)。

智能机器的新时代已经见证了国民收入从工资向利润的转变。例如在汽车制造业中,机器人已经替代了许多流水线工人,工资支出在产业增加值中的占比已经从 1997 年的 57% 下降到 2014 年的 47%。对于经济整体而言，一份最近的研究指出，来自劳动的国民收入占比，已经从 1947 年的 68% 下降到 2013 年的 60%。这种向资本收入的转移正在轰轰烈烈地进行，这很可能是美国收入不平等日渐严重的关键因素。在未来，当机器变得更加智能时，从工资收入转向资本收入的经济全面转型很可能是大势所趋。

除了通过收入再分配实现资本所有者向工人的转移支付（并且从年长者向年轻人转移），我们还应当走好另外三步。

第一，随着传统工作种类消失以及新的工作种类被创造出来，我们应当模仿德国成功的学徒制项目，从而让年轻人掌握经济发展所需的技能。总统经济顾问委员会已经强调有必要扩大这类积极培训的规模。⑤

第二，我们应该为应对劳动者比过去更高的跳槽频率作好准备。在颠覆性技术的时代，我们应当未雨绸缪，应对颠覆的出现。换工作应当是习以为常的事，培训和技能升级应当是一辈子的事，且医保和其他福利应当以人为核心，而不是以工作为核心。

第三，也是最后一步，让我们记住更智能的机器迟早会给我们带来更多的闲暇时光，让每天更多的时间变得有价值，而不是带给我们没有收入的活动和志愿工作。

假设"奇点"真的到来，那时机器人和专业系统真地承担了经济活动中所有脏活累活。只要财政政策能确保所有人——无论老幼——都能分享收益，结果可能是，在这个属于 21 世纪的社会，我们有更多的时间——并且用更多的时间——学习、研究、创造、创新、保护自然、与自然和谐共处。

注释

① OECD 数据表明,美国 5 到 39 岁人群中,预期受教育年限为 17.1 年。参见 OECD Better Life Index, "Education", http://www.oecdbetterlifeindex. org/topics/education/。

② 2015 年"美国时间使用调查"(American Time Use Survey 2015)的表 1 表明,平均工作时间为 3.19 小时,即 3 小时 11 分钟。参见 http://www. bls.gov/news.release/pdf/atus.pdf, Table 1。

③ Claudia Goldin and Lawrence F. Katz, *The Race Between Education and Technology*, Cambridge, Mass.: Harvard University Press, 2010.

④ Carl Benedikt Frey and Michael A. Osborne, *The Future of Employment: How Susceptible Are Jobs to Computerisation?* September 17, 2013, http://www. oxfordmartin.ox.ac.uk/downloads/academic/The_Future_of_Employment.pdf; Michael Chui, James Manyika, and Mehdi Miremadi, "Where Machines Could Replace Humans—and Where They Can't (Yet)," *McKinsey Quarterly*, July 2016, http://www. mckinsey. com/business-functions/digital-mckinsey/our-insights/where-machines-could-replace-humans-and-where-they-cant-yet.

⑤ *Economic Report of the President: Together with the Annual Report of the Council of Economic Advisers*, February 2016, https://www. whitehouse. gov/ sites/default/files/docs/ERP_2016_Book_Complete%20JA.pdf.

7

参与全球贸易的真相

是否支持贸易协定,应当建立在这些协定可能产生的经济影响和分配影响上。……经济蛋糕应当被做大,这样从贸易扩大化中获得的收益,可以在全社会广泛地分享。

关于全球贸易与投资的争论一直在 2016 年美国总统大选中都扮演了重要角色，1992 年大选也是一样。当年，第三党候选人罗斯·佩罗（Ross Perot）宣称，与加拿大和墨西哥一起形成的《北美自由贸易协定》（NAFTA）将会产生"巨大的吮吸声"，将美国的工作机会吸出到拥有廉价劳动力的墨西哥。现在，这一争论点则涉及两个类似的谈判，分别是与亚洲各国的《跨太平洋伙伴关系协定》（TPP）以及与欧洲的《跨大西洋贸易与投资伙伴关系协定》（TTIP）。

希拉里·克林顿与唐纳德·特朗普都站出来反对当前形式的贸易协定，正如伯尼·桑德斯在民主党初选中所坚决主张的一样。民主党政纲一直强调他们对 TPP 的关键部分持反对立场。但是，企业的游说团队的势力是如此的强大，以至于奥巴马还是在 2016 年 11 月选举之后推动 TPP 在国会的"跛脚鸭"任期内通过了，直到特朗普的胜选才扼杀了这一行为。民主党和共和党主流政客都是全球化的坚定捍卫者，他们不太在乎全球化对众多美国人的负面影响。特朗普竞选胜利一部分原因就是依靠民众的反国际贸易情绪，特别是在美国中西部的"锈带"地区。

　　我是相信国际贸易要扩大的,但是我反对当前形式的 TPP 和 TTIP,及其政治背景。这并不矛盾,而是对两个重要事实的反映。第一,拟约中不只是贸易协定。也会在贸易协定之外建立许多重要的经济规则,实事上这将赋予大型跨国公司太多的权力,而正是这些公司的说客们协助草拟了这些协定。第二,贸易政策的形成不应当脱离预算测度,而预算测度将保证经济结果的公平。开放贸易实现广泛受益的前提是要有明智和公平的预算政策。但美国并没有到位的财政政策,无法使新的贸易协定广泛地造福全社会。

　　要想评价 TPP、TTIP 以及相关贸易政策测度,我们必须对国际经济学的四个组成部分加以跟踪记录。第一个是货物和服务贸易,即美国进出口货物(例如咖啡)以及服务(例如航运)。第二个是国际资本流动,例如通用汽车公司在墨西哥成立一家汽车零件子公司。第三个是就业机会的离岸外包,例如苹果公司与富士康公司签订合同,要求后者在中国组装 iPhone 手机。第四点是全球监管政策,例如涉及专利和著作权等内容。现代贸易协定不仅涉及贸易,它们包括国际经济体系中的全部四个部分。

　　一谈到贸易,就必须想到两个关键概念。第一个是效率,就是经济蛋糕(或者说 GDP)的规模。第二个是分配,就是经济蛋糕在资本与劳动之间如何分配,在不同的工人群体(主要是学历不同,或者说是高学历与低学历)之间如何分配。

　　对于扩大美国与拥有廉价劳动力国家的贸易,第一个重点是要提高效率——做大蛋糕——但也要重新在资本、高学历工人与其他工人，尤其是低学历工人之间分配美国经济蛋糕。对于资本家和高学历工人，更开放的国际贸易无疑是非常好的。对于低学历工人，肯定糟糕至极，因为会减少他们的工资，甚至将一部分低技能工人彻底从劳动力市场中淘汰。

贸易扩大化的第二个重点是，赢家的收益往往足以补偿输家的损失。通过对资本家和高学历工人的贸易所得征税，联邦政府能过将这些扩大后"蛋糕"的一部分转移给美国的低学历工人（例如，提高所得税扣除额度）。最终结果是，在进行税收和转移支付之后，所有人——资本家、高学历工人，低学历工人——都将因为贸易扩大化而受益。

贸易扩大化可以惠及经济活动中的所有人的潜力——只要赢家补偿输家——已经纳入可持续发展目标中了，这会带来开放全球贸易系统的潜在普惠作用。可持续发展目标第17项（目标17.10）着实呼吁"推动在世界贸易组织下建立一个普遍、以规则为基础、开放、非歧视和公平的多边贸易体系"。

这里提供一个以美国为背景的例子。假设美国GDP为18万亿美元，其中9万亿分配给资本家，5万亿分配给高学历工人，余下5万亿分配给低学历工人。现在假设因为与几个发展中国家签订了新的贸易协定，国际贸易扩大了。因为扩大贸易带来了效率增量，所以在这个例子里美国GDP增加到20万亿美元（蛋糕变大了），但是现在把10万亿分配给资本家，7万亿分配给高学历工人，而只有3万亿分配给低学历工人。

在这个例子中,国际贸易扩大了经济蛋糕,将美国国民收入转移给资本家和高学历工人。美国商会显然是想要这样一个贸易协定,高学历工人也想要这样一个协定。同时,低学历工人肯定会反对这种贸易协定。但是除了抱怨中国或者其他发展中国家,这些低学历工人最好也能认识到,正是他们的同胞们,那些资本家和高学历工人,才真正从贸易协定中"带走了全部好处"。

所以,更开放的贸易是好事还是坏事?这取决于我们从什么立场考虑这个问题。

对贸易扩大化的支持票当然可以获得一致通过,前提是赢家也要适当地交税,帮助补偿输家。接着这个例子来说,考虑征收联邦附加税——增加一些税——对资本家征收 1.25 万亿美元,对高学历工人征收 1.25 万亿美元。两方面合计 2.5 万亿,分配给低学历工人。如果我们考虑税后以及转移支付后的净收入,资本家最后有 8.75 万亿美元,高学历工人有 5.75 万亿,低学历工人有 5.5 万亿。只要将贸易扩大化与税收和转移支付系统结合起来,每一组人都能从贸易扩大化中受益了。

从经济理论和最近的历史中可以得出以下结论,美国扩大与拥有廉价劳动力的国家的贸易提高了美国国民收入,但也让美国一部分低学历工人的境况恶化了,除非其中的赢家能够补偿输家。经济学家喜欢强调国民收入的提高,但是大多时候会低估或者直接无视对低学历工人的负面影响。唐纳德·特朗普大力反对贸易协定草案,他的理由是整个美国已经因为开放贸易输了,而中国和墨西哥赢了。这种"我们对付他们"的观点是不正确的。特朗普说许多美国工人因为贸易扩大化失去了工作,这是对的,但是他应当更清楚美国公司和资本家才是其中的大赢家。因此,真正的目标不是结束与中国的贸易,更不是走向贸易争端,而是确保能够更公平、广泛的将美国资本家和跨国公司享有的收益分配给工人,实现的办法主要有对企业利润征税,转移支付(例如所得税扣除额度)、培训项目以及其他社会支持项目将收益再分配给工人。

令人惊讶的政治现实是,奥巴马总统支持对亚洲和欧洲贸易的进一步扩大,但却未能就进一步补偿低技能工人方面达成任何协议,甚至不顾低技能工人收入增长已经停滞35年的事实。现在,这些工人已经开始反抗——特别是那些为数众多的白人工薪阶层,他们加入了特朗普阵营——并且克林顿临时起意地反对TPP和TTIP,也有些无法令他们信服。

25年以前,我支持NAFTA,因为我相信国会和总统会补偿那些被落下的工人的需要。近来,我对贸易协定的立场转变——导致我反对TPP和TTIP——主要源自一个悲伤的事实,那就是无论是共和党领导的国会,还是民主党总统(比尔·克林顿和巴拉克·奥巴马)都没有采取任何措施来保证贸易扩大化的收益在美国得到广泛分享。美国政治即使不喜欢补偿输家,也不应该忽视他们。

美国工人的劣势已经在国际经济国际资本流动加快和就业机会离岸外包增多的影响下变得极为严重了。在过去20年,许多美国大公司已经将他们的业务迁到了墨西哥(在NAFTA下)或者中国,以利用廉价劳动力的优势。外商到这些国家投资的结果,与增加对这些国家的贸易是类似的:增加了美国资本家的收入,但是降低了美国部分或者大多数低技能工人的收入。

再说一次,外商投资和就业机会的离岸外包扩大了美国的经济蛋糕,这是通过提高经济效率实现的。再说一次,赢家增加的收入本可以用来补偿输家,能够让美国资本家和工人双方都获益。且再说一次,美国政治体系已经大体上失去了对通过税收和转移支付进行收入再分配的兴趣。输家被告知,时运不济,他们得自谋生路。

理解这样一个观点非常重要,那就是对 TPP 和 TTIP 的大多数诘责实际上与贸易上的得失没有关系,与外商投资和离岸外包也没有关系。一些最大的争议往往围绕着基于这些贸易协定建立的监管框架展开。TPP 的一些条款草案会加强对制药产业的知识产权保护,这会增加人们对其合法性的担忧,因为制药公司将会对它们的药品拥有更大的垄断权力,这甚至会让更多的人无法得到救命药。许多人也观察到,在劳动标准和人权方面对工人的保护还非常脆弱不足。

但是也许最大的争议与协定中一个晦涩但是非常重要的部分有关:投资人与东道国争端解决机制(ISDS)。ISDS 条款赋予外国跨国公司挑战东道国政府的政策和监管的权利,并且拥有可能补偿数额巨大的金融损失的权利。ISDS 已经将巨大的、专横的以及不公平的权利赋予了外国跨国公司。

在 ISDS 之下,外国公司的投诉由一个专门的三人仲裁庭受理,这个仲裁庭不受东道国法律的约束，甚至不受 ISDS 仲裁庭判例的约束。并且不能上诉。另外，只有外国公司能够使用 ISDS。国内公司必须通过常规的法庭，且工会或者其他组织也不受 ISDS 的保护。

ISDS 的本意是要防止东道国政府侵占外商投资。但是现在，强势的公司正在滥用 ISDS，希望恐吓政府不要制定和实施环境、公共医疗或者劳动方面的监管。且如果它们不能阻止监管，还可以利用 ISDS 让那些只是为了捍卫公共利益的政府承担它们所谓的巨额金融损失。

近期出现的一个恶劣的例子是，臭名昭著的 Keystone XL 石油管道计划背后的加拿大公司——横加公司（TransCanada）——正在控告美国政府，要求获得 150 亿美元赔偿。该计划中石油管道会将加拿大的高碳油砂输送到美国的精炼厂。奥巴马正确地取消了该项目，因为这条管道有导致全球变暖的危险。现在横加公司控告美国政府剥夺了其一项投资的未来收益，但实际上这个投资根本就没有发生！这样一个诉讼不会在美国法律治下的一个常规的美国法庭中审理（毕竟，政府只是在执行公务）。但横加公司在 ISDS 仲裁庭获胜了，在那里美国法律不起作用。

奥巴马政府认为，国会应当支持 TPP，这样可以增加美国在亚洲的公信力，同时宣称 TPP 对美国的国家安全也是至关重要的（中国不是 TPP 签署国；因此，奥巴马政府宣称，TPP 在亚洲会为美国带来应对中国的额外手段）。这个观点既天真，也不负责任。TPP 在国家安全的真实作用是会加剧美国社会的收入和权力的不平等，弱化而非强化国家安全。

是否支持贸易协定,应当建立在这些协定可能产生的经济影响和分配影响上,而不是建立在有关国家安全的虚构主张上。就 TPP 和 TTIP 的当前形式而言,它们是不值得被支持的。它们应当被重新制定,删掉 ISDS,并结合增税和转移支付的方法,这样才能增加工薪阶层的收入。在这一点上,贸易扩大化应当得到支持。经济蛋糕应当被做大,这样从贸易扩大化中获得的收益可以在全社会广泛地分享。在这一点上,公众应当更加支持通过这样一种贸易政策,即为美国人和我们的贸易伙伴带来广泛利益的政策。

8

差别化和高成本下医保危机的加剧

高企的医保成本,加上根深蒂固的贫困与停止增长的工薪阶层收入,这些问题正导致灾难性的健康后果。……日渐攀升的总人口死亡率预示着包括医疗系统在内的社会内部秩序出现了严重的危机。

美国的健康危机实际上是由三大危机组成的。第一个是公众健康：美国平均预期寿命现在要比许多其他国家都少几年，并且对于总人口的某些部分而言，预期寿命还在下降。第二个是健康不平等：公共医疗在种族间、阶层间的差距巨大。第三个是医保成本：目前美国的医保是全世界最贵的。

可持续发展目标将"良好健康与福祉"放在可持续发展的中心位置，为第3项目标。该目标呼吁大幅降低传染病和非传染性疾病的负担。第3项目标（目标3.8）也强调了全民获得公平优质医疗保证的必要性，因此"实现全民健康保障，包括提供金融风险保护，人人能享有优质的基本医疗保健服务，人人能获得安全、有效、优质和负担得起的基本药品和疫苗"。

"奥巴马医保"当然不能解决这些危机。"奥巴马医保"的主要积极贡献其实是扩大医保覆盖范围。没有医疗保险的美国人从2010年占总人口的15.5%，下降到了今天的约9.1%，这个回落是显著的。但医保费用再次飙升，并且医疗问题的根源并没有得到妥善解决。"奥巴马医保"逐步沦为一个破败系统的尴尬补丁。

我们用数字来讲讲三大危机的故事。第一,在经济合作与发展组织(OECD)中,美国的健康指标实际上低于其他高收入国家的平均值。[①]2013年,美国的出生时预期寿命为78.8岁,比OECD平均值的80.5岁低了差不多2岁。同时,美国也有高于平均值的婴儿死亡率和低体重婴儿出生率,以及更高的乳腺癌和前列腺癌发病率。

第二,医保和健康指标不平等方面,美国的医疗保险覆盖率(占总人口比例)在OECD国家中排在第33位,为86.7%(到2015年上升至90.9%,这归功于"奥巴马医保"),仅仅比危机缠身的希腊好一点。[②]

美国的健康指标在阶层间和种族间存在着巨大的不平等。根据"健康不平等计划"的数据,美国最富的1%男性在40岁时的预期寿命为87.3岁,而美国最穷的1%男性只有72.7岁,前者居然要比后者多了14.6岁。从种族来看,2014年,非西班牙裔白人的预期寿命为78.8岁,而非西班牙裔黑人只有75.2岁,前者比后者多3.6岁。[③]

第三,在医保系统的成本上,美国的成本可谓"高不可及",远超其他国家。2013年(OECD可比较数据的最近年份),美国在医保上平均居然要为每人支付8713美元,而排在第二位的瑞士只需要6325美元。从国民收入占比看,美国医疗支出之多已占到了GDP的16.4%,而瑞士只有11.1%。从2013年开始,美国的医疗支出一路上升至GDP的18%。而OECD国家的平均医疗支出仅为3453美元,不及美国医保成本的一半,并且在2013年,OECD国家医疗支出平均只有 GDP 的 8.9%。

这么看,健康危机已经相当严重了。但问题的原因是什么,且更重要的是,解决办法又是什么?

健康指标危机的核心是,美国日渐凸显的经济、社会以及政治不平等。在高收入国家中,美国的可支配收入不平等程度最高,同时,美国还有最多的贫困人口和近贫阶层,且问题根深蒂固。美国所有的社会支持系统——包括医保、教育,以及司法系统——现在满是心酸哀愁,这在一个更平等的社会是不可能存在的:孩子没能力阅读,年轻人没有必需的工作技能,官司缠身的家庭没能力请得起律师,并且穷人得病还要承受因病致贫的重担。

低收入美国人健康恶化是由两大主要原因造成的。第一,他们生活的社会环境带去了更多的压力、精神疾病、药物滥用、肥胖、环境污染的伤害以及其他贫穷相关的疾病负担。第二,他们受到贫困的打击,因此享受不上那么多健康的饮食,与医保系统的联系较弱(例如,没有家庭医生),无力承担药物开支,不成规律的生活轨迹又被监禁打乱,并且没有那么多闲暇时间娱乐休闲。

天价的药物与医疗服务成本每一次都加剧了问题的严重性。对于美国飙升的医保成本,近期最权威的研究是《成本更低的最好医保》(*Best Care at Lower Cost*) 2012 年度报告,由美国联邦政府的医学研究所(现在的美国国家医学院)主编。[④]该报告发现,美国的医保支出之所以更高——与欧洲、加拿大、日本以及澳大利亚相比——是因为医疗服务(包括药物、住院、门诊以及就医流程)的价格更高,而不是因为用得多或者是这些服务的质量更高。

例如,2013 年,美国心脏搭桥手术的平均成本是 75345 美元,而瑞士只需要 36509 美元;美国的 CT 扫描平均成本是 896 美元,而瑞士只要 432 美元。住院药物价格(2010 年数据)方面,美国也远远高于其他国家——英国、加拿大和澳大利亚大约只有美国的一半。[5]

在其他高收入国家,政府是在与医院、医生团体以及医药公司的谈判过程中制定医疗服务价格的。政府经常要从税收中支付医保的全部费用。医院和医生经常按照每年每个投保人的标准获得一个固定金额(称作"人头费"),而不是按照医疗流程获得费用("服务费")。人头费鼓励医保系统关注疾病预防以及治疗,并且鼓励人们参加促进健康的活动(比如减肥和运动)。在其他使用服务费模式的国家,非常普遍的情况是,每个给定的服务都对应一个价格,并对一个给定地区内的所有医疗服务机构和病人都同样适用。

在美国,情况有所不同。美国的医院、医疗服务机构群体以及医药公司以一组扑朔迷离的谈判组合形式制定他们的价格,谈判各方包括医疗服务机构和医疗保险公司、政府(联邦、州、市),和自费患者。大多数医疗服务机构获取报酬是按照服务费而不是人头费。它们对每个病人提出价格差异都非常大,即便是同样的流程也有不同的价格。目前也没有定价单。医疗服务机构能够收多少就收多少,按照它们的市场支配力说话。一些患者投保了个人医保计划,他们的定价就在医疗服务机构和保险公司的出价区间之内。在其他情况下,付款人是政府,那么医疗服务机构就要与政府谈判。除此之外,对没有投保的患者,医疗服务机构则对此类自费患者收取最高的费用。

医疗服务机构拥有相当大的市场支配力,主要源于四点:药品和器材的专利;在同一个地区缺少医疗服务机构实现竞争;老年保健医疗项目"Medicare"在谈判中单方面让步;包括医生与非医生在内的医务人员的稀缺供给的种种限制。

现在说说药价以及专利在垄断权中发挥的作用。美国专利法赋予药品专利持有人一个 20 年的排他垄断权(自专利公布之日起生效)。这种暂时的垄断权保证专利持有人能够要要求一个远高于生产成本的零售价格,这表面上是希望激励研发活动。但问题是制药公司正将他们垄断性的定价权力滥用到极点。

例如吉利德科学公司(Gilead Sciences)2011 年花了 110 亿美元从一家小型生物科技公司那里购买了一个丙型肝炎特效药的专利。吉利德之所以花了 110 亿美元的大价钱,正因为知道能够很快回本,并定出每片 1000 美元的惊人高价,即便制药成本只有大约每片 1 美元。吉利德每年的利润超过 110 亿美元,得到了比购买价格高出不知多少倍的收益。而许多患有丙型肝炎的美国人,包括老兵们,正饱受病痛折磨,甚至在死亡线上挣扎,只因为他们付不起吉利德公司超乎寻常的高价。

对价格垄断权的第二个来源是,许多地区现在都只有一到两家主要的医疗服务机构。垄断的问题正不断严重,这是因为兼并和重组减少了每个地区的主要医疗服务机构数量。

垄断权的第三个来源是,2003 年联邦法确立了老年保健医疗项目"Medicare"的 D 部分(涵盖处方药),明确禁止该项目与制药公司谈判。这样一来吉利德公司就可以随心所欲地制定任意价格,Medicare 项目无可置喙。这一条款立法中真的就在半夜被制药产业的说客们拦住了,这反映出一个事实,医疗产业确实是国会竞选的最大赞助方之一。在 2016 年大选阶段,来自医疗产业的个人和公司,用来支持候选人和两党的政治活动委员会(PAC)的竞选献金合计超过 2 亿美元。[⑥]

垄断权的第四个来源是来自医疗从业人员的稀缺与多种限制。2013 年,美国每 10 万人中仅有 7.3 名医学毕业生,而 OECD 国家平均达到了每 10 万人 11.4 名,丹麦更是达到了 19.7 名。美国每千人只有 2.6 名医生,而 OECD 国家平均达到了每千人 3.3 名。美国也可以扩大医疗从业人数,办法是允许适当受训的并得到监管的"非医生"肩负起更大范围的工作角色,以此减少医疗成本,这一过程被称为"工作任务转移"。

高企的医保成本,加上根深蒂固的贫困与停止增长的工薪阶层收入,这些问题正导致灾难性的健康后果。诺贝尔经济学奖得主安格斯·迪顿(Angus Deaton)及其合作者安·凯斯(Ann Case)的研究表明,中年工薪白人正在经历前所未有的死亡率升高,这很难说就不像苏联解体前几年的情况,当时苏联的中年男性也正遭受预期寿命下降的问题。日渐攀升的总人口死亡率预示着包括医疗系统在内的社会内部秩序出现了严重的危机。

　　"奥巴马医保"虽增加了医保覆盖率,但是没能解决价格高企的危机,并且"奥巴马医保"很可能会加重问题,这是因为该计划会增加政府对医保系统的补贴,而这个系统满是市场巨头,并缺少竞争。

　　因此,我建议采取以下政策,来解决美国迫在眉睫的医保危机。

　　第一,正如我在本书中不断重复建议的那样,美国应当出台政策减轻收入不平等,结束穷人的困局,增强工人的竞争力,清洁并绿化环境以及提高工薪家庭的社会地位。在一段时间后,这些措施会帮助美国扭转一系列负面态势,包括药物滥用、精神疾病、肥胖以及其他由贫困和缺乏社会地位所加剧的疾病。

　　第二,美国应向医保全民覆盖的方向努力,这可以通过公共融资来实现,就像加拿大和欧洲各国所做的那样,医疗服务机构(包括私立和非盈利)供给覆盖应按照人头费来计算,而非按照服务费。人头费可以鼓励并保证医疗服务机构提供支持性服务(营养咨询、社会支持、医疗建议),这有利于预防、治疗以及管控慢性疾病,例如心血管病和成人型糖尿病。

　　第三,政府应当出台合理规范,努力建立专利药品价格"天花板"系统,以此实现研发激励与药品可负担性及可获得性之间的平衡。长期以来,经济学家们一直认为,今天的专利法不会充分实现创新所需激励与确保获得平价药品之间的平衡。这一情况随着 Medicare 项目的 D 部分出台而变得不可控了。目前,政府在药品上的投入很大,而医药公司则变相地滥用定价系统,提出远高于生产成本的加成价格。

从竞选承诺来看,特朗普政府很可能会逆势而动:减少监管,减少服务穷人的公共融资,并且加紧尝试让"医疗市场"运行起来,继续奉行将公共医疗置于市场商业环境的错误思路。难怪在当年 11 月选举结果揭晓的最初几天,医疗板块的股票价格可以一飞冲天。然而,几乎可以肯定的是在医疗保健方面加大市场手段的投入,极有可能会导致更大的不平等以及更多的价格欺诈。美国迟早必然会学习那些表现更好的国家,包括加拿大、日本和欧洲各国,在那些国家中,医保覆盖率、可支付性以及健康指标都比美国人能享受到的要好上太多。

注释

① Organisation for Economic Cooperation and Development, *Health at a Glance 2015：OECD Indicators*, http://dx. doi. org/10. 1787/health_glance-2015-en.

② Jessica C. Barnett and Marina S. Vornovitsky, "Health Insurance Coverage in the United States：2015," U. S. Census Bureau Report Number P60—257, September 13, 2016, http://www. census. gov/library/publications/2016/demo/p60—257.html.

③ Raj Chetty, Michael Stepner, Sarah Abraham, Shelby Lin, Benjamin Scuderi, Nicholas Turner, Augustin Bergeron, and David Cutler, "The Association Between Income and Life Expectancy in the United States, 2001—2014," *JAMA* 315, no. 16（April 26, 2016）：1750—1766; see also https://healthinequality.org.

④ Institute of Medicine, *Best Care at Lower Cost：The Path to Continuously Learning Health Care in America*（Washington, D. C.：The National Academies Press, 2013）.

⑤ International Federation of Health Plans, *2013 Comparative Price Report: Variation in Medical and Hospital Prices by Country*, https://staticl.squarespace.com/static/518a3cfee4b0a77d03a62c98/t/534fc9ebe4b05a88e5fbab70/1397737963288/2013+iFHP+FI NAL+4+14+14.pdf.

⑥ Center for Responsive Politics, "Totals by Sector: Election Cycle 2016," https://www.opensecrets.org/overview/sectors.php.

9

适合美国的智能化能源政策

现在局面就成为"替换"世界能源系统,用低成本、低碳替代品取代化石能源。比如,买车不要再选有着内燃发动机的雪佛兰迈锐宝了,我们要开电动的雪佛兰伏特。也不要在用火电厂发的电给雪佛兰伏特充电了,要使用风能、太阳能、核能、水力或者其他非碳能源发的电。

能源是经济的命脉。如果没有充沛、安全和低成本的能源，就不可能保证现代生活的便利，这一点正是可持续发展目标第 7 项着重强调的："确保人人都能获得负担得起的、可靠的现代能源服务"。两个世纪以来，化石燃料——煤炭、石油、天然气——为美国和世界持续增长的能源需求提供了关键支持。现在，因为全球气候变暖，我们必须实现能源转型，并且迅速转型到新的低碳能源系统上来。

尽管争论仍然甚嚣尘上，但是全球面临能源挑战已不是什么神秘的事情。地球和月球到太阳的距离大致相同，但是地球要比月球气温高 30 ℉ *，因为地球的大气层能够保持来自太阳的热能，为地球保暖。大气层的这种吸热效应被称为温室效应。

已知的是，在大约 150 年间，大气层中二氧化碳（CO_2）是引致温室效应的"温室气体"之一。我们又知道，在大约 120 年间，燃烧化石

---

* 原文如此。这里，地球比月球气温高 30 ℉ 相当于高 16.7 ℃。实际上，月球表面没有大气层保温，昼夜温差非常大。面对太阳的一面温度可以达到 127 ℃，背向太阳的一面温度可以达到 -183 ℃。因此，更为严谨的说法应当是月球表面的气温日较差远大于地球表面。——译者注

燃料增加了大气层中的二氧化碳,让地球变暖了。并且,我们还知道,也可以相当精确地说,至少 30 年来,大气层中的二氧化碳正在迅速增加,造成全球变暖。2015 年是有仪器记录以来(可追溯到 1880 年)最热的一年,且 2016 年比 2015 年更热。

因此,包括美国在内的世界各国,2015 年 12 月在巴黎一致同意从依靠煤炭、石油和天然气的高碳能源系统转型为实现发展主要依靠风能、太阳能、水电、核能以及地热能的低碳能源体系。《巴黎气候协定》自 2016 年 11 月生效以来,就以可持续发展目标第 13 项而成为可持续发展议程的组成部分。以化石能源时代之初(1800 年)水平为标准,《巴黎气候协定》旨在将人为的全球气温升幅保持在"2 ℃以下"(3.6 ℉),并且努力使之不超过 1.5 ℃(2.7 ℉)。到 2016 年,地球气温升幅已经达到了 1.1 ℃左右,超过了全球各国一致同意上限的一半。

特朗普总统在竞选时就拒绝气候科学,并深陷石油和天然气利益集团的影响之中。在上任之初,他似乎想要使气候政策倒退回以前的局面,并甚至威胁要让美国退出《巴黎气候协定》。* 这必然是美国应当明确的立场问题,美国应当将公共利益放在狭隘的石油和天然气游说集团的利益之上。气候危机已是如此严重,能源转型的技术机会如此宝贵,全球危机的紧迫性和共识如此明确,这使得美国政策的任何倒退都必然不长久,尽管这一过程令人十分沮丧,代价也

---

* 2017 年 6 月 1 日,美国总统特朗普宣布美国退出《巴黎气候协定》。——译者注

非常高昂。

再者,气候政策和基础设施政策的关系是错综复杂的。当我们重建交通、能源、通信以及其他基础设施时,其关键在于建成后这些设施应当是可持续的,可以这种方式保护美国人民,并引领美国经济进入全球竞争之中,领导零碳能源和交通技术。否则,我们得到的就是大规模成本高昂但毫无用处的基础设施,并将眼睁睁地看着其他国家在能源效率和零碳技术上取得突破,最后取代美国的经济领导地位。

我们需要的前进方向现在已经相对明确了。气候科学家们已经提出了一个有效的工具,即"碳预算",以此引导我们重回气候安全状态。粗略地讲,全球变暖水平与通过燃烧或者以其他方式(例如砍伐森林)释放到大气层中的二氧化碳的累积量是成比例的。要想以"很可能的"概率(也就是67%)保证气温升幅在2℃以下,人类社会的碳预算的排放额度仅剩9000亿吨二氧化碳。

从这剩余的9000亿吨排放额度考虑,全世界目前每年向大气层排放360亿吨二氧化碳,在目前的全球能源使用率下,如果想要使得升幅在2℃以下,世界因此只剩下(9000除以36)大概25年的化石燃料使用期。不过即便对化石燃料使用作出如此严格限制,气温升幅也还有33%的可能性超过2℃!让世界面临的挑战更为严峻的是,大多数贫困国家迫切需要提高它们的总能源使用量,以此从使用能源的现代技术中获益。

因此,现在局面就成为"替换"世界能源系统,用低成本、低碳替代品(例如风能和太阳能)取代化石能源。这样的替换可能看上去不太可能,但实际上是完全可以做到的。其中大多数变化甚至都不会被大部分人察觉。例如,买车不要再选有着内燃发动机的雪佛兰迈锐宝了,我们要开电动的雪佛兰伏特。也不要用火电厂发的电给雪佛兰伏特充电了,要使用风能、太阳能、核能、水力或者其他非碳能源发的电给车充电。

具有前瞻视野的工程师们已经提供了一个相当好的路线图,让我们能够从化石能源转型为零碳能源,有三条路线方针。

第一条是提高能源效率。我们需要减少能源的过度使用,这需要通过投资节能技术来实现:用 LED 光源取代白炽灯,使用关闭时不耗能的智能装置,优化住宅隔热与被动式通风以此减少供暖需求(以及供暖费)等等。

第二条是使用低碳电能。根据你居住地区的具体情况,你今天所用的电是由煤炭、天然气、核能、水电以及一点风能和太阳能混合生成的。到 2050 年,电能应当来自非碳能源(风能、太阳能、水电、地热能、核能、潮汐能、生物燃料及其他)或者来自化石能源但同时使用二氧化碳收集技术并将其排入地下,这一过程称为"碳收集和储存"(CCS)。

第三条是燃料转换。汽车不再烧汽油,而代之以电能;住宅不再用燃油供暖,而代之以电暖;飞机不再使用航空燃料,而代之以先进的生物燃料;工业生产不再使用大型工业锅炉,而代之以固定氢燃料电池(用非碳电能生成氢)。对目前使用化石燃料的每一种方式,我们都能找到一个低碳燃料作替代品。智慧的工程师已经指明了方向,只要加上实践和经验,我们将能够有更好的选择。

我们大多数人很难注意到这些差异——发电方式的差异、汽车燃料的差异、住宅取暖方式的差异,钢铁冶炼方式的差异。我们能够注意到的主要是用稍稍多出一点的电费,来换取的一个安全得多的气候环境。甚至这些额外的成本也很可能只是暂时的。当厂商的学习曲线开始下降,电动车、工业电池、第四代核电厂和太阳能发电厂,所有这些的成本都将显著下降。

与今天相比,我们将在未来更好地享用新型低碳技术。智能电动车不仅将更加清洁和安全,而且还会在你看早新闻的同时送你上班。从煤炭向可再生能源的转型以及从"油老虎"向电动车的转型将会净化来自德里、北京以及其他地方的雾霾,而这些地方正在饱受雾霾之苦。

即便特朗普政府一开始是过时的化石燃料产业在理念上和政治上的拥护者,但我想他们也不会走得很远。对气候危机和能源系统需求的认同已经成为共识,远不是狭隘的商人和理论家们所能认识到的。实际上,我打赌很快美国各地的高中都会布置作业,让学生们描绘出美国从化石能源转型到零碳能源的未来路线图。在美国各地,学生们的作业中将有这样一个问题的挑战:加利福尼亚北达科他或者波士顿如何才能实现最小成本的最快转变?

加利福尼亚的学生会潘江陆海地描绘大规模低成本的太阳能广布在莫哈维沙漠(Mohave Desert)之中。北达科他的学生会赞颂北达科他巨大的风能潜力,巨大到不仅足够满足达科他而且还够满足宽阔的美国中西部工业带的需要,从圣路易斯到芝加哥、克利夫兰,一望无边。还有,波士顿的学生会向北凝望,看到从魁北克伸向哈德逊湾的大湖大河,这里有足够的水电潜力,可以为美国东北部供电,尤其是再加上从缅因州到弗吉尼亚州大量的陆上和离岸风电,就更充足了。

学生们面临的挑战则是要让这一转变迅速实现且无缝衔接,并且不影响能源系统稳定,不能够将美国企业置于与中国、墨西哥和印度企业不利的竞争位置。《巴黎气候协定》妙就妙在所有国家现在和衷共济,一致努力。不仅仅是美国高中生,印度班加罗尔、中国成都以及墨西哥蒙特雷的学生们也将完成同样的作业。且他们反过来会发现喜马拉雅山脉南坡丰富的水力潜力、内蒙古戈壁滩的风能潜力以及墨西哥索诺拉沙漠的太阳能潜力。

但是,这种能源替换真的值得吗?很大一部分能源替换可以自付成本,例如想要清洁空气,那么更好的装备就有更好的服务。但是,某些部分的能源转型将需要为本质相同的能源服务付出额外成本。

但是,这里需要记住一个关键时间点。上一次地球气温比现在水平高出 1 ℃的时候(被称为伊缅间冰期,大约 13 万年前),南极板块和格陵兰岛的冰盖大幅度融化,以至于全球海平面比今天的水平面要高出 3 到 9 米。[①]今天的小岛经济体将会消失。

我不仅仅是在说马尔代夫和瓦努阿图。我本人就住在一个小岛经济体上,这个岛叫做曼哈顿,它也会消失。波士顿,你也别幸灾乐祸了,你的大部分也要被淹没在水下。

海平面上开的风险实际上远超纽约、波士顿、奥兰多、新奥尔良以及世界上其他无数低地城市的大洪水。全球变暖到目前(加上干旱和洪水)已经动摇了世界许多地区粮食供给的根基,并且还有更糟的事情等着我们,除非我们能够实现能源替换。仅仅就举一个例子吧,叙利亚在2006—2010年间经历了现代历史以来最严重的旱灾,导致百姓陷于贫困、饥饿、流离失所以及社会不稳定,这是2011年战争爆发的导火索。

可以理解的是美国人担心能源替换会危及今天的矿工和石油钻井工的工作。然而幸运的是,这方面有了令人完全放心的消息。最新的统计显示,美国矿工总数为1.8万人,而劳动力总数是1.5亿人。在煤炭、石油和天然气产业工作的现场工人总数不超过1.5万人,不到劳动力总数的0.1%。我们能够轻松地安置失业工人,或者重新训练他们以胜任其他岗位。在化石燃料产业的其他工作人员——会计、经理、程序员以及其他人——可以在新能源产业或者在经济其他部门中施展才华。

在美国能源转型中确实只有几个真正的"输家",大卫·科赫(David Koch)和查尔斯·科赫(Charles Koch)兄弟可能名列其中。科赫兄弟拥有世界上最大的私营石油公司。从他们狭隘的个人利益出发,最好能为了守护他们价值1000亿美元的石油生意而危害世界其他地方。毕竟,他们买得起高于上升着的海平面的新房产。但是,即使在那狭隘的、冷酷的算计下,这样做也并不利于科赫家族的子孙后代,他们将会因为他们父母和祖父母罔顾人类需要的自私行径而深受其害。

我的同事,吉姆·威廉姆斯(Jim Williams)博士最近完成的一篇出色论文,说明了到 2050 年时美国能源转型的总体情况②(重申一次,使用威廉姆斯的工具,许多学生很快就会做作业了)。结果显示,可再生能源、核能以及碳收集和储存(CCS)技术确实为去碳化提供了多样的可行路径。如果你不喜欢核能或者 CCS 技术,我们仍然可以实现向低碳能源的转型,但需要付出更高的成本(意料之中的是,当剔除诸如核能这样的选项后,成本升高了)。

威廉姆斯设定的情景底线是非常令人放心的。美国能源系统去碳化的成本大约是每年国民收入的 1% 或者更少(考虑到美国目前的 GDP 是 18.4 万亿美元,那么成本就是每年 1800 亿美元)。GDP 的 1% 虽不便宜,但这毕竟仅仅只有 1%,是为全球气候安全而付出的一个非常小的代价。同样的算法、相似的比价,也适用于世界其他地区的能源替换情况。少数幸运的地区,拥有重要的风能、太阳能,或者水电能,它们会发现零碳能源系统的增量成本是可以忽略不计的。

如果我们面临的能源挑战已经如此清楚,为什么问题还不爆发?实际上有三个原因。第一,部分能源转型已经在进行中了,风能和太阳能的部署量不断提高。考虑到气候危机已经为世界各国所警觉,目前全世界均在积极准备能源替换"手术"。第二,既得利益集团——包括科赫兄弟,埃克森美孚以及皮博迪——(直到如今才承认）多年来，他们在气候变化问题上对美国人民撒谎，且更糟的是，他们以资金支持了一些政客的选举，这些政客乐得反对气候立法，以换取竞选献金。

第三，令人惊讶的是，因为相同的游说压力，政府已经很少出台长期能源规划了。特朗普总统以及新一届美国国会的第一个任务应当是召集美国科学院以及全美国出色的工程师来制定能源规划。是的，这肯定不是新政府的本意或者愿望，但是我相信气候危机和能源现实会重重地给其当头一棒，特别是基础设施规划已经在进行中了。尽快使能源政策回到科学和理性的轨道上，这是美国全体人民的责任。

美国政府最好尽快补上错失的时间。正如 2016 年诺贝尔文学奖得主在半个世纪之前所宣布的，"来吧参议员们、众议员们，请留意呼声，不要挡路，不要阻碍……因为这时代正在改变"。

注释

① James Hansen et al., "Ice Melt, Sea Level Rise and Superstorms: Evidence from Paleoclimate Data, Climate Modeling, and Modern Observations That 2C Global Warming Could Be Dangerous," *Atmospheric Chemistry and Physics* 16(2016):3761—3812.

② James H. Williams et al., *Pathways to Deep Decarbonization in the United States*, U.S. Report of the Deep Decarbonization Pathways Project of the Sustainable Development Solutions Network and the Institute for Sustainable Development and International Relations, November 2014; Revision with Technical Supplement, November 16, 2015.

10

从"大炮"到"黄油"

在配置国家资源方面,最终要的问题是战争与和平的关系。和平对于可持续发展的重要作用是清楚无疑的。……美国在对待战争—和平的挑战方面犯下影响深远的错误,结果是糜费巨万并且危害国家安全。

在配置国家资源方面,最重要问题是战争与和平的关系,或者像宏观经济学家所说的,"大炮与黄油"的关系。和平对于可持续发展的重要作用是清楚无疑的。正如世界各国在新的可持续发展框架中所说的:"我们决心推动创建没有恐惧与暴力的和平、公正和包容的社会。没有和平,就没有可持续发展;没有可持续发展,就没有和平。"①

我认为,美国在对待战争—和平的挑战方面犯下了影响深远的错误,结果是糜费巨万并且危害国家安全。用经济学和地缘政治学的说法,美国遭受的是耶鲁大学历史学家保罗·肯尼迪(Paul Kennedy)所说的"帝国骄败"*。如果特朗普政府继续深陷昂贵的中东战争中,不要说扩大战况,单是预算成本就足以让我们解决严重国内问题的希望破灭。

在这方面,我们可以有几许乐观的期待。在大选时,还是总统候选人的特朗普经常批评美国在中东问题上贪功致败,并呼吁改善对

---

* 即"imperial overreach"。——译者注

俄罗斯的关系。到目前为止，这样一个方案确实是至关重要的，不仅对和平如此，对美国大型基础设施项目融资也是如此。但是，候选人特朗普也对伊朗和中国舞刀弄棒。"反伊朗狂暴症"会自掘坟墓般地恶化而绝非稳定中东局势。新一轮美国与中国的军备竞赛会让美国错过重建国内经济的现实的机遇。更糟的是，这会严重地危害和平。

将美国称为帝国，并且使用"帝国骄败"这样的说法，也许看起来很有倾向性，但是这一说法确实符合美国权力及其使用方式的现实情况。帝国是一个在单一权力统治下各个区域的集团。19世纪的英国显然就是一个帝国，当时英国包括印度、埃及，以及许多在亚非拉的其他殖民地。美国虽然只是直接统治少数被征服的岛屿（夏威夷、波多黎各、关岛、萨摩亚、北马里亚纳群岛），但其通过驻军并利用自身实力干涉其他主权国家的内政。美国对域外权力的控制力现在正在弱化。

美国军队的规模是巨大的。美国国防部拥有（2014年存量数据）4855个军事设施，其中4154个在美国；114个在海外美国领土；587个在全世界其他42个国家和地区。[②]这还不算美国情报部门的秘密设施。运作这些军事设施的成本以及这些军事设施所支撑的成本之高是超乎寻常的，包括五角大楼、情报部门、国土安全、美国能源部的核武器项目以及老兵福利，把这些加起来每年花费大约9000亿美元，或者说占美国国民收入的5%。每年支出9000亿美元，差不多是全部联邦支出的四分之一。

美国有着利用秘密或者公开手段颠覆那些威胁美国利益的政权的悠久历史,这与通过在当地安插亲善政权的经典帝国权术如出一辙。以 1898—1994 年的拉丁美洲为例,历史学家约翰·科茨沃思(John Coatsworth)的杰出研究算出由美国推动变更政权的"成功"案例共有 41 个,一个世纪以来,每 28 个月就有一个政权被美国推翻。并且需要注意的是,科茨沃思没有计算失败的例子,例如入侵古巴的"猪湾事件"。

根据科茨沃思的有力研究:

> 在 41 个案例中,有 17 起美国军队、情报特工或者受雇于美国政府部门的当地公民在内的直接干预。在其他 24 个案例中,美国政府的干预都是间接的。即,当地人(通常是军事领导人)起到主要作用,但是如果没有美国政府及其特工的鼓动或者参与,这些人不会行动,也不会成功。③

美国推动政权更迭的传统已经成为美国对世界其他地方外交政策的组成部分,包括西欧、非洲、中东以及东南亚——尽管历史学家们并没有沿着科茨沃思的引领进行如此详细且精确的测算。

政权更迭的战争对于美国而言代价巨大,并常常对当事国家造成灾难性影响。两个主要研究测算了伊拉克和阿富汗两场战争的成本。其中一个是由我在哥伦比亚大学的同事约瑟夫·斯蒂格利茨(Joseph Stiglitz)和哈佛大学学者琳达·比尔米斯(Linda Bilmes)完成的，他们算得 2008 年的成本是 3 万亿美元。④

另一个更新的研究由布朗大学的"战争成本项目"*组完成，他们的测算的结果是 2016 年花掉了 4.7 万亿美元。⑤以 15 年为一个阶段来计算，则这 4.7 万亿美元相当于每年花费约 3000 亿美元——超过 2000—2015 年美国联邦教育部、能源部、劳动部、内政部、交通部、美国国家自然科学基金、美国国家卫生研究院以及美国环保署全部支出的总和。

美国发动的这些政权更迭的战争，很少能够真正满足美国安全的需求，这几乎人尽皆知。甚至当战争成功地颠覆了一国政府时——例如阿富汗的塔利班、伊拉克的萨达姆·侯赛因以及利比亚的穆阿迈尔·卡扎菲——从结果上看，也很少能形成一个稳定政府，而是更可能导致这些国家陷入一场内战。一场"成功的"政权更迭行动往往点燃了足以引爆未来的导火索，例如 1953 年颠覆伊朗民选政府，并扶植伊朗国王的专制统治，这之后就是 1979 年爆发的伊朗革命。在其他众多案例中，例如美国（联合沙特与土耳其）尝试颠覆叙利亚的巴沙尔·阿萨德政权，结果是尸横遍野与军事对峙，也没能推翻现政府。

到底是什么深刻的动机催生了这些昂贵糜费的战争以及那些支撑战争遍布世界的军事基地呢？

对这个问题，在 1950—1990 年这段时间的一个肤浅的回答是因

----

* 即"the Cost of War Project"。——译者注

为冷战。但是美国对海外的帝国主义行为早在冷战前的半个世纪就出现了(可追溯到 1898 年的美西战争),并且在冷战结束之后又持续了四分之一个世纪。美国对海外的帝国主义冒险始于美国内战以及完成对美洲原住民的征服之后。此时,美国的政治和商界领导人试图加入欧洲各帝国的行列——特别是英国、法国、俄国以及新兴的德国——进行海外征伐。在短时间内,美国强占菲律宾、波多黎各、古巴、巴拿马以及夏威夷为殖民地,加入到欧洲帝国主义列强之中,并且敲开了中国的大门。

到 19 世纪 90 年代,美国已经是远超各国的世界最大经济体,但直到第二次世界大战,美国在全球海洋霸权、帝国主义势力范围以及地缘政治统治上仍然默守在大英帝国之后。英国在推翻旧政权方面是无人匹敌的大师,例如在第一次世界大战之后,英国瓦解了奥斯曼帝国的残余势力。但是两次世界大战再加上大萧条的拖累,终结了英国和法国的帝国时代,第二次世界大战之后,美国和苏联加速上升成为全球两大主要帝国。冷战由此开始。

支撑美国全球势力范围的经济实力是无与伦比的。到 1950 年,美国产出占到全球总产出的比例高达 27%,而苏联只有美国的约三分之一,占全球总产出的 10%。冷战催生了两大基本理念,由此塑造了美国的外交政策,直到今天还在发挥作用。第一个理念是,美国是为了对抗苏联而奋战求生。第二个则是,每个国家——无论远在天涯海角——都是全球战争的战场之一。在美国与苏联避免直接冲突之时,它们却在世界各地的许多热战中展示自己的实力,这些都是超级大国竞争的代理战争。

在将近半个世纪的时间里,古巴、刚果、加纳、印度尼西亚、越南、老挝、柬埔寨、厄瓜多尔、尼加拉瓜、伊朗、纳米比亚、莫桑比克、智利、阿富汗、黎巴嫩各国,甚至小国如格林纳达*,都被美国战略专家认为是对抗苏联的阵地。而这其中,总是搅入极为庸俗的利益。私人公司诸如美国国际水果公司以及美国国际电话电报公司说服了他们位高权重的朋友们(最著名的当属杜勒斯兄弟**):土地改革或企业资产被没收的威胁是对美国利益的严重威胁,是美国领导的(他国)政权更迭的理由。中东的石油利益是另一个被反复提及的战争原因,这与 20 世纪 20 年代以来大英帝国奉行的理由如出一辙。

对于当事国而言,战争破坏了社会稳定,导致了贫困;对美国而言,战争也没有换来有利于美国的政权。除了极少数例外,这些政权更迭的战争累积起来就是美国外交政策的失败史。这些战争对美国本身也是代价高昂的。越南战争就是其中最大的败笔,如此的昂贵、血腥、充满争议,使得越南战争甚至影响了时任美国总统林登·约翰逊(Lyndon Johnson)的另一场更为重要的战争:美国抗击贫困的战争。

冷战随着苏联在 1991 年解体而终结,这本应成为美国调整“大

---

* 格林纳达的英文为“Grenada”,原文为“Granada”。原文疑笔误。——译者注
** 杜勒斯兄弟是冷战早期阶段人物,包括时任美国国务卿的哥哥约翰·福斯特·杜勒斯(John Foster Dulles),以及时任美国中央情报局局长的艾伦·威尔士·杜勒斯(Allen Welsh Dulles)。——译者注

炮与黄油"政策的契机。冷战终结留给美国以及世界一个"和平红利",这是让世界及美国经济从战争转向可持续发展的机遇。而1992年的里约地球峰会也确实将可持续发展确立为全球合作的核心,或者说,至少看起来是这样的。

可惜,美国帝国思维的盲目与自大阻碍了美国安然进入和平新时代的步伐。随着冷战的终结,美国反而开启了一个战争新纪元,这一次美国瞄准了中东。美国想要横扫苏联所支持的那些中东政权,并建立无人可比的美国政治统治。或者说,至少原计划是这样的。

自1991年以来的四分之一个世纪也因此见证了一场持续不断的美国在中东的战争,它破坏了中东的稳定,将大量的资源从民用转向军事用途,并且催生了美国巨量的财政赤字以及公共债务。这种帝国思维导致了政权更迭战争在一系列国家中上演,包括阿富汗、伊拉克、利比亚、也门、索马里以及叙利亚;并且,这一系列战争经历了四任总统:老布什、克林顿、小布什、奥巴马。同样的思维导致美国将北约势力范围扩展到俄罗斯的边界上,而不顾北约设立的初衷其实是为了防御另外一个早已不存在的对手——苏联。米哈伊尔·戈尔巴乔夫(Mikhail Gorbachev)强调,考虑到东西方世界未来的安全,北约东扩"肯定是违背我们在1990年所得到的那些宣言和保证的精神的"。

然而,与1991年相比,当今世界的经济有一个主要的变化,这一点在1950年时是不明显的。在冷战开始的1950年,美国产出占全球总产出的 27%。而到 1991 年,当切尼—沃夫维茨(Cheney-Wolfowitz)关于美国统治力的美梦开始形成的时候,这个数字是大约是 22%。现如今,根据国际货币基金组织(IMF)判断,美国产出占比为 16%,而中国已经超过美国占到了 18%。⑥ 到 2021 年,根据 IMF 预测,美国产出占比将变成 15%,而中国将达到 20%。为了维持这一套无能、军事化,且代价高昂的外交政策,美国正在积累巨量公共债务,削减国内迫切需要的公共投资。

因此,一个基本的选择必然到来。美国能够枉顾近年来在中东失败的事实,继续徒劳地维系着这套单极统治的新保守主义方案,而美国持续下滑的经济实力必然导致这种帝国愿景的最终失败。如果像某些新保守主义者支持的那样,美国现在就展开对中国的军备竞赛,那么短则一二十年,美国而非中国肯定会遭遇"短缺"。如果新一届政府继续这套政策,更不要说做大了,那么昂贵的中东战争就会轻易地终结任何新一届联邦政府能够对教育、培训、基础设施以及环境进行投资的希望。

更为聪明的方案是保持美国的防御能力,但结束这套帝国的理念。这在实践上意味着减少广布全球的军事基地网络,结束政权更迭的战争,避免新的军备竞赛(特别是下一代核武器);并且,通过联合国与可持续发展目标的共同行动,与中国、印度、俄罗斯以及其他地区加强外交对话,特别加强在包括气候变化、疾病防控以及全球教育问题上的务实磋商。

令许多美国保守主义者嗤之以鼻的想法是,在联合国的框架下美国的回旋余地被限制到最小。但是请想想看,如果当初美国能注意到联合国安理会对发生在伊拉克、利比亚,以及叙利亚的这些战争的反对意见,那么到了今天,我们的国家会有多好。许多保守主义者会以弗拉基米尔·普京(Vladimir Putin)在克里米亚的行动作为对俄外交无用论的证据,但他们没有认识到,正是北约东扩到波罗的海国家以及邀请乌克兰加入才成为普京作出反应的最初动因。

苏联的最终破产源于代价高昂的对外冒险,诸如1979年入侵阿富汗以及对自身军事的过度投资。今天的美国已经同样过度投资军事,如果继续进行在中东的战争,那么美国也会走上一条同样的衰落道路。现在,美国是时候抛弃这些关于帝国的痴想、负担以及自我欺骗了,美国应当投资的是国内的可持续发展,并且与世界其他国家同舟共济。

注释

① United Nations, *Transforming Our World: The 2030 Agenda for Sustainable Development*, 2015, https://sustainabledevelopment.un.org/post2015/transformingourworld.

② Department of Defense, *Base Structure Report-Fiscal Year 2015 Baseline*, http://www.acq.osd.mil/eie/Downloads/BSI/Base% 20Structure% 20Report% 20FY15.pdf.

③ John Coatsworth, "Liberalism and Big Sticks: the Politics of U. S. Interventions in Latin America," 1898—2004, 2006, at http://academiccommons.columbia.edu/catalog/ac:204082.

④ Joseph Stiglitz and Linda Bilmes, *The Three Trillion Dollar War: The True Cost of the Iraq Conflict*(Melbourne: Allen Lane/Penguin, 2008).

⑤ Neta Crawford, "US Budgetary Costs of Wars through 2016: $4.79

Trillion and Counting: Summary of Costs of the US Wars in Iraq, Syria, Afghanistan and Pakistan and Homeland Security," Brown University, Watson Instiute of International & Public Affairs, September 2016.

⑥ 参见 the IMF World Economic Outlook Database October 2016, at http://www.imf.org/external/pubs/ft/weo/2016/02/weodata/index.aspx.

11

为科技创新而投资

现代社会高度依赖复杂的技术系统，以满足我们对安全和繁荣的需要。实际上，对美国福祉的威胁之一恰恰是这样一组矛盾：对科学技术发展投资的吝啬与对关键领域迫切需求的矛盾。

在政府的诸多目标之中，有一项目标十分重要但又经常被忽略，这就是推动科学和技术的发展，以解决关键挑战。现代社会高度依赖复杂的技术系统，以满足我们对安全和繁荣的需要。没有这些先进的技术系统，我们就无法保持国家繁荣，更不要说养活全球 75 亿人口了。但是，管理和改进这些技术需要庞大且持续的投资，提供这样的投资需要政府与商界、学界的共同努力。

这里的关键点是"受引导的技术改变"，这意味着要将科学家和工程师组织起来，一起应对涉及国家利益的复杂挑战。有人认为，这一挑战不仅重要而且可以解决，并因为其性质，这一挑战不是那种仅靠私人部门以短期盈利手段就能解决的。

美国现代史上，这样的努力比比皆是。实际上，每个美国人都可以说自己参与创造了现代史。其中最著名、影响最为重大的无疑就是二战时的"曼哈顿计划"。这是一个科学技术行动接受引导的成功案例，证明了最为复杂和前沿的科学挑战是如何通过专项投资而解决的。

在 1938 年二战前夕，欧洲的物理学家们发现了核裂变规律（用中子触发原子裂变,释放大量能量和更多中子)以及核链式反应的可能性。短短一年内,富有远见的物理学家意识到,这个理论可以用来制造一种新的武器——原子弹;并且他们更意识到,德国纳粹可能抢先实现这个技术。阿尔伯特·爱因斯坦(Albert Einstein)和爱德华·西拉德(Edward Szilard)共同撰写了一封改变世界的信,并提交给了富兰克林·罗斯福总统。这封信向总统发出了风险警告,并敦促美国抢先德国抓紧开发出原子弹。

"曼哈顿计划"在1942年紧张地启动了,到1945年终于造出了原子弹。该计划有全世界许多顶尖科学家参与其中,并在3年内催生出无数科学和技术突破。原子时代由此到来。

所以说,动员科学家们、国家实验室以及私营公司来追求实现明确的目标,这并不是痴人说梦。二战后,"曼哈顿计划"的经验在许多重要的方面起到了指导作用,包括国家安全、公共医疗、新技术以及广泛的科学领域。从脊髓灰质炎疫苗与太空时代,到人类基因组和互联网,直接的技术变革已经多次塑造并推动了美国经济和现代世界的进步。

这些努力的共性是:高度复杂的挑战;迫切的国家需要;综合了学术、慈善、商业以及政府组织和融资。

以半个多世纪前乔纳斯·索尔克(Jonas Salk)开发脊髓灰质炎疫苗为例。其主要融资来自非盈利组织(著名的当属美国出生缺陷基金委),这些组织是罗斯福总统在1938年发起创立的。索尔克在美国匹兹堡大学领导了一个科研队伍,从1947年到1954年,历时7年开发该疫苗。在1955年,脊髓灰质炎疫苗通过测试,并在一场前所未有的大型公共医疗运动中得到广泛普及,各级政府也都参与其中。索尔克研发的疫苗以及几年后阿尔伯特·沙宾(Albert Sabin)研发的疫苗,宣告美国战胜了脊髓灰质炎。现如今在全球范围内,脊髓灰质炎也即将被根除。

当被问及脊髓灰质炎的专利归谁所有时,索尔克作出了著名的回应:"没有专利。你能给太阳申请专利?"如同"曼哈顿计划",索尔克和沙宾的努力并不是因商业逐利才得到资助,而是为了解决公共需要而得到支持。技术作为"公共品"被使用(国防上以原子弹为例,公共医疗上以脊髓灰质炎疫苗为例),而追求商用专利则会破坏这种技术的使用。

正如"曼哈顿计划"一样,美国的太空计划也是为维护国家安全而启动的,部分原因也是为了在冷战时代与苏联竞赛。苏联于1957年成功发射了"伴侣号"(Sputnik)人造卫星,随后,美国迅速开始了自己的太空计划。在1961年5月,约翰·F.肯尼迪总统亲自激励并呼吁美国致力于"在10年之内,实现载人登月并安全返航的目标"。在此后的10年内,美国平均每年支出GDP的0.5%支持美国国家航空航天局(NASA)成功实现月球计划,动员约50万工人和2万家公司参与其中。该项目对计算机科学、半导体、航空、通信、材料科学,以及无数科学技术其他的领域产生的知识溢出效应是意义深远的。

众所周知,互联网同样是在美国政府的努力下诞生的,而且同样与国家安全相关。在这个案例中,美国国防部热衷于创立一套计算机网络,以此支持一个适应性强的军事指挥和控制系统,该系统则由分布在全美国的几个主要计算机中心支撑起来。互联网的核心建构模块——包括数据分组交换以及 TCP/IP 协议——是作为国防部阿帕网(ARPANET)*计划的一部分开发的,其中阿帕网计划从 20 世纪 60 世纪后期一直运行到 1990 年。在阿帕网基础上,80 年代,美国国家自然科学基金建立并开发了连接美国主要大学的网络。90 年代以来,这些由公共融资支持的努力构成了互联网的基础,大量的商业交易也得以在此基础上形成。

关于这类专项技术的努力足以被列成一份长长的清单,令人振奋不已。摩尔定律——即计算机芯片性能在 20 世纪 50 年代之后大概每两年就增加一倍——也基于产业和政府的技术路线图归纳而成。人类基因组项目在 1990 年到 2003 年间取得突破,成功绘制人类基因图谱,其中有美国及世界各地的领军人物参与,这些人来自生物学界、私营生物技术新兴企业,以及主要的政府研究中心;人类基因组项目对公共医疗、制药、农学、考古学、人类学以及其他众多学科等的持续知识溢出效应至今仍然是巨大的。还有,用于从页岩中生产石油和天然气的水力压裂技术(俗称"压裂")靠的也是美国地质调查局(USGS)的早期动议。

由于种种原因,那些经常可以听到的关于美国联邦政府资助早期技术(例如太阳能公司 Solyndra,或者电动车公司特斯拉)的政治

---

* 全称是"The Advanced Research Projects Agency Network",即美国高级研究计划署网。——译者注

抱怨严重忽视了我们的经济运作和开发前沿尖端技术的要点。确实,并不是每一个研发项目都能产生实在的结果;这是前沿研究的本质。不过,公众、私人、学术界以及慈善界的合作各方,他们在推动关键领域科学技术进步的过往成绩,其实是美国保持繁荣和技术优势的关键支柱。

实际上,对美国福祉的威胁之一恰恰是这样一组矛盾:对科学技术发展投资的吝啬与对关键领域迫切需求的矛盾。当前在许多前途远大并且十分重要的研发领域,基于专利激励的纯粹私人与利益驱动的做法,已经远远无法满足社会需要了。

例如,比较一下,一边是每年由美国国家卫生研究院直接投入生物医学研究的 300 亿美元,一边是每年美国联邦政府用于研发可再生能源和其他低碳能源技术的可怜的 70 亿美元。从中我们已经看到,气候变化的威胁每年造成的破坏数额以几万亿美元计算,而解决办法则取决于从化石基能源向零碳替代能源的迅速转变。

请思考两个例子。第一个,可再生能源的成功发展依赖于高性能电池,这种电池在平均每单位重量上能够储存大量能量;能够反复充电和放电;能够安全且稳定,用在电话或者电动车上也不会起火燃烧。电池技术是一项重大的科学和技术挑战,包括众多前景广阔的先进技术,但是也需要进行广泛的研究,而这种研究大部分需要通过精细的试错才能实现。不过,美国联邦电池研究投资估计每年有约 3 亿美元,而这只是美国众多国家实验室和大学可以通过联邦研究资助获得的所需支持的一部分而已。

第二个例子是碳收集和储存（CCS）技术，这是未来可以替换化石燃料并保证气候安全的唯一办法。关于 CCS，有数不清的科学和技术问题，包括直接从空气中收集二氧化碳（CO_2）的可行性；从发电厂废气中收集 CO_2 成本最小的办法；以及地质封存 CO_2 的可行性，这需要考虑不同种类的地质层及其泄露的风险。一些技术正在吸引私人资本，但是大部分科学研究（例如地质学研究）几乎完全是公共品，这需要公共投资而非私人融资。不过，从全球范围来看，涉及 CCS 技术研发的公共投资规模仍然是极小的。

急需加大研发上公共投资力度的其他领域包括：管理现代先进基础设施的智能电网系统；第四代核能；满足环境可持续性的先进材料科学；使用人造卫星图像和遥感技术对地球系统进行全球监控；满足气候和天气模型的超级计算机；机器人技术和人工智能（这又包括数不清的领域，包括设计、安装和伦理方面的问题）；对新兴流行疾病（诸如塞卡病毒和埃博拉病毒）的早期确诊和控制；先进农业技术，保证在气候变化情况下粮食的生产率；改善营养；老年病医疗（包括应对阿尔兹海默症的高企成本）；以及网络安全和网络监管协议，诸如在线投票。这里罗列的也仅仅是迫切需要发展和前景不错的领域。

因为美国自由裁量的公共支出所造成的长期融资不足——包括那些科学部门——所以美国的技术领导地位现在正在受到威胁。对，美国仍然有着众多世界顶尖的大学，在科学和工程学能力上有着最伟大的国家深度；不过，对科学技术方面（以及在更基础阶段的公共教育方面，这对于培养未来的科学家和工程师至关重要）的长期投资不足将美国置于严峻的风险之中。

许多人也许还在蒙在鼓里，以为美国仍然是全世界在研发方面最具活力的投资者，但事实已远非如此。如果以 GDP 占比来衡量研发投入，美国目前排在高收入 OECD 成员国的第 9 位。美国的研发支出大约占 GDP 的 2.7%；与之相比，研发支出占到 GDP 3.0% 的国家有丹麦、芬兰、德国、日本以及挪威；而韩国和以色列则占 4.0% 以上。以美元总量计算，中国的支出目前约占美国支出的四分之三，并且中国很有可能在未来 10 年超过美国，除非美国能够增加研发占GDP 的比重。

正如过去那些伟大的成功一样（开发原子弹；发现脊髓灰质炎疫苗；"登月"计划；网络计算机系统；人类基因组测序），清晰的目标和长期资助是我们未来努力的基础。研发项目应当由急迫的公共需求来引导，并且由那些公共融资非常重要而私人融资并不合适或者不充足的领域来引导。这些领域包括基础科学（在这方面，专利根本没有意义）；对市场为基础方法不适用的挑战（流入流行疾病防控）；那些依赖新技术迅速普及才能实现的目标，以至于私人专利会阻碍而非加速技术利用（能够对间断的可再生能源起到协同作用的智能电网协议）；以及涉及主要社会政策风险和责任的目标（核能，碳收集和储存）。

在许多领域，例如疾病防控、粮食生产率、零碳能源，有关这类领域的努力大部分都应当是全球性的，成本和收益应当由世界共担共享。就像"登月"计划转变为全球的太空合作一样，这些全球范围的挑战也对我们在国际与国家层面上创建扩大研发投入的政策框架至关重要。美国能源部——在部长厄尼斯特·莫尼兹（Ernest Moniz）的领导下——目前正与其他国家协力启动针对低碳能源的行动，即"创新任务倡议"＊。

我对特朗普总统以及新一届国会的建议如下：请立即要求具有光荣历史传统的国家机构，包括美国科学院、工程院和医学院，提交一份针对未来一代科学技术关键领域的投资报告。请这些国家机构提出一个基于科学目的的扩充美国和全球研发行动的组织策略。呼吁美国的研究型大学加强对美国学术研究工作的思辨研讨。最迟在2017年，总统与国会应当召开国会联席会，为美国描绘一个新的技术愿景，并提出一个实现愿景的研发策略。

注释

① Pew Research Center, "Beyond Distrust: How Americans View Their Government," November 23, 2015, http://www.people-press.org/2015/11/23/beyond-distrust-how-americans-view-their-government.

② Martin Gilens, *Affluence and Influence* (Princeton, N. J.: Princeton University Press, 2013.

＊ 即"the Mission Innovation Initiative"。——译者注

12

走向新型政治

実际上，富人花费几十亿美元用于游说以及选举献金，反过来影响几十亿甚至上万亿美元的配置。因此，我们需要一个全新的政治进程，动员全国力量参与解决问题，从基层起步整合全国性规划的各部分，而特朗普必须通过满足国家利益而赢得广泛的公众支持，而不仅仅靠政治内部人和说客的支持。

如果说美国令人失望的 2016 年大选证明了什么,那应该证明了我们的政治体系是有问题的。美国人民不信任联邦政府,尤其不信任国会。这些态度反映了美国政治的基本事实,我们应改变这种情况,如果还希望在社会改革的其他方面——医疗卫生、基础设施、气候变化、教育、工作、金融,以及其他——有所建树的话。我提出以下几条具体办法,以帮助美国摆脱政治窠臼。

自古以来,哲学家们及学者们对如何看待政治的观点分歧巨大。亚里士多德——作为 2300 多年前西方政治理论的创立者——认为政治是一个集体寻求最大公共利益的方式。法律、习惯、教育,这些制度的设计应当以在公民中推广美德为目的;反过来,受教化的公民应当参与政治生活,以此提高福祉和福利。天主教关于的社会训导也表达了类似的观点,将政府视为集体寻求公共利益的办法。

卡尔·马克思(Karl Marx)以及他的追随者当然持相反的观点。马克思认为,政治只是巩固阶级关系的"上层建筑"。政府为资本家的利益服务,更有甚者,还出现了选举式民主国家的陷阱,假装为全体公民的利益而服务。

民主理论家——诸如罗伯特·达尔（Robert Dahl）——认为美国（以及类似的代议式民主国家）政府是一套规则的集合，以确保广泛的代表性，以及理念和利益的公开性。政治精英为获得权力而通过选举制度参与竞争，但其背后代表不同的利益。

更为愤世嫉俗的说法——"程序主义者"（proceduralists）——诸如约瑟夫·熊彼特（Joseph Schumpeter）以及安东尼·唐斯（Anthony Downs）——认为选举就是权力照常轮换的一套程序，是用一批"流氓"取代另外一批的方法。熊彼特认为，人们不应该指望能有许多"公共福利"能够从这样一套程序中产生，因为在一个由不同利益和观点组成的世界中，根本就没有公共福利。

我们当下的困境在于美国人民憧憬亚里士多德的观念，但又更为同意马克思给出的论断，同时还有一丝熊彼特的倾向。美国人民想要的是一个能够解决问题的政府，能够履行宪法所说的那些目标："建立更完善的联盟，树立正义，保障国内安宁，提供共同防务，促进公共福利，并确保自由的幸福……"但是，美国人民感到，政治现状正在让他们大失所望，其中原因与马克思150年前提出的道理非常相似。

一项由美国皮尤研究中心（the Pew Research Center）提供的详细调查提供了证据。①绝大多数美国人希望联邦政府可以发挥重要作用，超过50%的美国人希望政府发挥重要作用的方面包括国防、食品和药品安全、移民、经济、退休人员收入保障、医疗卫生资源获取方式，以及帮助人们脱贫。但是，对政府能否履行职责，人们也非常怀疑。有 81% 的美国人认为政府应当管理移民系统,只有 28% 相信政府在这方面做得好;有 55% 希望政府帮助人们脱贫,但是只有 36% 相信政府在这方面做得好。

受访者对于政府的总体信任——相信联邦政府几乎总是做了"正确的"事,或者大部分时间上是这样的——已经从 1960 年的 75% 下跌到当前的 20%。对于政府的信心在 20 世纪 60、70 年代大幅度下降(考虑到越南战争、通货膨胀,以及"水门事件"),在 80 年代有一些回升,但 80 年代后期再次下降,90 年代中期又一次回升,之后在 2001 年大幅度下降了。参见图 12.1。

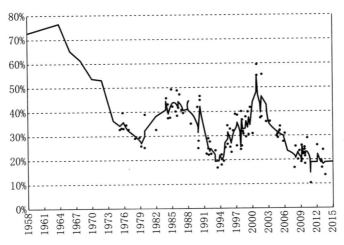

图 12.1　美国政府的公信力变化(1958—2015 年)

资料来源:Pew Research Center, "Beyond Distrust: How Americans View Their Government," November 23, 2015, http://www.people-press. org/2015/11/23/beyond-distrust-how-americans-view-their-government。

政府公信力大幅度下降的原因,皮尤调查设置的其他问答可作出非常好的解释。尤其是公众没有感到民选官员代表了他们的利益这一点,这让人想起了马克思。有77%的受访者说,民选官员"很快地脱离了群众";有74%的人说,民选官员"不如我关心群众";并且有74%的人说,民选官员"优先考虑他们自己的利益"。另外,有67%的人回答说,民选官员是"有才智的",但只有29%认为民选官员是"诚实的"。

美国人民认为金钱政治是该问题的关键。高达77%的受访者以及美国两党的绝大多数党员都相信,应当对选举支出加以限制;有76%的人相信,相比以往,现在金钱对政治的影响更大;并且有64%的人相信高企的选举成本会打击优秀候选人的积极性。

对此,广大公众与专家学者的意见正在趋同。通过一系列精炼的研究以及那本重要著作《财富与影响》(*Affluence and Influence*: *Economic Inequality and Political Power in America*),马丁·吉伦斯以及他的同事证明了,只有富人才会对政治生活产生影响。[2]在对众多政策问题进行研究后,吉伦斯证明,只有收入在美国前10%的人群——而非其后的90%——他们的观点才能在政治生活中被广泛接受。实际上,富人花费几十亿美元用于游说以及选举献金,反过来影响几十亿甚至上万亿美元的配置。

我们可以更加具体地说一说影响力的来源。虽然民主理论家们将国会政治视为利益竞争的角斗场,但令人悲伤的事实是,有四大公司游说集团,它们十分强势,已不断拔得头筹,并将我们的民主政体变为(也许这是更准确的说法)"金权至上的资本专制"(corporatocracy)*。

在 20 世纪 80、90 年代,华尔街成功地策划了放松金融管制以及得到随后需要的大规模紧急财政援助。严重的金融诈骗一再被视若儿戏,没能被提起刑事诉讼。今天华尔街仍旧可以不受惩处,而且毫不关心经济的长远融资需要。

军工复合体(the military-inclustrial complex, MIC)利用其对国会的影响,保证有大规模国防预算,并令国会熟视无睹美国那些在海外的制造不稳定的军需。美国似乎满足于向中东和其他地区输送武器,只要这些都是美国武器。并且,武器生产商巧妙地设计了它们的供应链,以保证主要武器生产系统位于美国全国的国会选区。正如艾森豪威尔担心并警告我们留意 MIC 时所说的,我们实际上已经创造了一台战争机器。

医疗卫生产业——作为第三大游说集团——成功地将美国的医疗成本推高到约占国内生产总值(GDP)的 18%,而在加拿大、日本和欧洲,它们的医疗成本只有 GDP 的 12%。我们之前提到过,逐利的医疗卫生产业——包括供应商和药品企业——如何利用它们的市场权力推高价格,使之远远高于边际成本。美国人民正在用缩短的寿命和更糟糕的健康为此埋单。

大型石油公司是第四大游说集团。凭借着大量公司融资、频繁

---

* 金权至上的资本专制(corporatocracy)指由企业或经济利益控制的经济和政治体系,通常是一个贬义词。注意,它不是社团主义(corporatism)。——编者注

的游说行动,以及在虚假公众消息方面的大规模支出,大型石油公司(加上最近的大型煤炭公司)已经拖慢了美国在全球变暖问题上的反应,并在该问题上起到了主导作用。看着成百上千的国会议员满口的科学常识错误,甚至涉及公众意见(这有利于大量使用可再生能源),所有这一切都是为了包装来自石油产业的"贡献",实在是天下奇观。

当竞选献金和大规模游说已经取代了公众利益,并导致美国人民对政治系统的运作深感失望时,我们还有出路吗?即便在位的政客们不愿出面投票支持选举改革,难道我们就注定沉沦在金钱政治、腐败、失败的公共服务,以及民主规则崩塌这一恶性循环之中吗?

一些人认为我们注定失败;我不信。相反,我相信,我们现在也许要好好地重新审视2016年美国总统大选,彼时华盛顿的腐败和无能昭然若揭、如此严重,这使得改革的时代必然到来。即便华盛顿在2017年以后继续在错误的方向上疾行,美国人民也应当开始行动起来,进行一场彻底且深刻的政治改革。让我讲一讲我们所需要的政治改革,以及这些改革是如何在当前的泥潭之中形成的。

第一,我们需要全新的政治进程,可以避免国会的桎梏,并以新的方式动员全国。想想近期的立法——诸如"奥巴马医保"以及2009年刺激方案——是如何起草的吧:午夜,在国会的密室,与说客们一起完成。实际上,立法如此复杂,以至于几乎没有国会议员明白他们投票支持的到底是什么。立法通过都几年之后了,我们还在讨论深藏在法律条文之中的神秘条款。

讽刺的是,美国到处都是解决问题的人,从政府官员和市长,到地方企业、慈善团体、公民行动团体以及学术界。不仅仅是那些在排名拔尖的名校,美国各个高校人才的学术深度都是无与伦比的。这意味着每一个州、每一个大城市,事实上都有顶尖的专家,他们可以响应地方解决问题的需要,或者他们可以从基层起步整合全国性规划的各个部分。

第二,我们需要全新的政治进程,可以超越令人沮丧的选举周期。当前2016年总统大选业已结束,人们的注意力很快会转向民主党能否在2018年重掌参议院以及民主党中的哪位在2020年参加总统大选。但是,我们实际需要的是政府——最重要的是实现长期目标的长期规划。新政府最大的失误将是在著名的执政100天时宣布不成熟的或者完全受到误导的"规划"。任何在执政100天内宣布的所谓规划只不过是华盛顿说客们的草稿,而非美国当前的深疾痛病所需要的真正解决办法。

我们应当越过国会,动员全国力量参与解决问题,这样我们就能有机会制定一个不受华盛顿选举周期驱动的全国选举进程,一个由抚养子女、重建城市以及投资新知识的公众需求所驱动的周期。

第三,我们应当回到联邦的组成根基上,鼓励州和地方提供解决全国目标的方案。美国联邦政府应当考虑全国目标,但是更要鼓励使用地方和区域的解决方案来实现目标。医疗卫生资源普及、能源系统转型,甚至未来的工作方式都能够并且应当变为因地制宜的办法。应当实行"服从性"的原则:在政府的最基层寻找解决方案,也只有在这里才能找到方案。

当然,说客们不会善罢甘休;那些用钱支持了2016年美国总统大选胜方投票的人,期待他们的花费物有所值。公众应当准备好,对特朗普政府和由说客操纵的国会掷地有声地说"不"。在这方面,国会山上正当其时的僵局也许能为我们所用。为了通过对冗长辩论和其他阻碍策略的重大立法,特朗普必须通过满足国家利益而赢得广泛的公众支持,而不仅仅靠政治内部人和说客的支持。

最终,我们的政治进程将得到修复,公民而非说客将重回政治领导地位。而这一切只有在公民参与政治的情况下才能够实现,不只是在选举时候参与,而是要全年无休地参与,并将说客们推到一边。为了恢复一个积极且协商的公民制度,我们需要新型的政治生活方式,能够调动公民参与重大问题决策,协助起草立法,对外交政策问题投票,并介入预算讨论。

网络时代为政治提供了一个妙招,即现在切实可行的——并且是迫切必要的——重新让公众以直接的方式参与进来。在亚里士多德的时代,雅典公民在普尼克斯山的卫城附近集会并投票。美国历史上的大部分时间,民选代表在国会集会,以人民的名义投票。但是,这种代议制现在徒留虚名,除非你是一位富裕的选举资金贡献人。然而,在即将到来的电子政府时代,直接民主将再一次成为可能,实际上更是不可逆转的大势。正如古代的雅典人一样,我们也将再一次回到用投票捍卫自身利益的位置上。我相信,民主终将得到恢复,无论今天的当权者如何拖延。

注释

① Alain Cohn, Ernst Fehr, and André Maréchal, "Business Culture and Dishonesty in the Banking Industry," Nature 516(December 4, 2014):86—89.

② *McDonnell v. United States*, October Term 2015, https://www.supremecourt.gov/opinions/15pdf/15-474_ljgm.pdf.

13

重拾对美国治理方式的信任

美国社会当前的决定性特征是，美国人民既不相信他们的政治机构，也不相信彼此。我们需要主动努力，恢复信任，方法就是让公平参与成为美国国家方案的鲜明部分，使美国公共和私人的行政体制能够重新回到公共利益的方向上，不再为那些统治精英的私人财富和权力而服务。

在美国面临的所有威胁之中，最为严峻的当属公民道德的崩溃。公民道德也就是支撑美国作为一个健全、向上、乐观的国家持续运转的诚实和信用。2016年美国总统大选的决定性特征是，两个竞选人都不值得信任。美国社会当前的决定性特征是，美国人民既不相信他们的政治机构，也不相信彼此。我们需要主动努力，恢复信任，方法就是让公平参与成为美国国家方案的鲜明部分。

我们已经说明了公众对联邦政府信任的崩溃。而对彼此的信任崩溃同样令人震惊。几十年里，民意测验都在问美国人民一个问题："大多数人"是否"能够被信任"。同时，几十年了，回答"不能"的比例在持续升高（见图 13.1）。

可能有两个主要原因能够解释这个趋势。第一是 20 世纪 70 年代以来收入不平等的明显加剧。第二是人们普遍感受到，处于收入和权力层顶端的人们往往滥用他们的财富和影响力。唐纳德·特朗普在 2016 年总统大选中无情地断言，这套体制是"被操纵的"，这一声明得到了广泛共鸣，但讽刺的是，虽然特朗普自己就是这套体制中那个无情的操纵者。

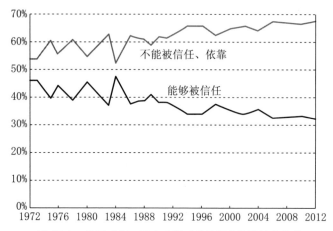

图 13.1　美国人民对"大多数人"是否"能够被信任"的回答(1972—2012年)

这套体制确实是被大公司的利益操纵的,例如那些要将药品定价为生产成本的一千倍的制药公司。这套体制也被大 IT 公司操纵,例如苹果公司利用臭名昭著的税制漏洞,将自己的资金安放在海外的避税离岸账户上。这套体制被对冲基金经理们操纵,他们收入数百万美元,却最多交 20% 的所得税,这远低于广大贫苦美国人民的税率。这套体制被投资银行家们操纵,他们故意欺骗客户,但至多稍被惩戒一下,然后就拂袖而去了。事实还表明,克林顿家族将公职和家族基金作为自己发财的赌注,而这一切并未随着这场失意且可疑的大选而消失。

最近几年,大量的社会科学研究已经得出了实验证据,证实了一个自古以来就存在的真相:权力和财富确实是腐朽的。顶尖科学杂志《自然》最近发布了一个非常吸引人的心理学实验。①一家大型国际银行的雇主被随机分入两组,一个"控制"组,一个"实验"组。在实验开始阶段,两组人都要填写一些表格。控制组需要回答常规问题。实验组需要回答关于他们银行工作角色的问题。之后,每个组需要抛硬币,然后如实回答他们抛到了多少次"正面",同时他们被告知,正面次数越多就更有可能获得更多的奖金。

控制组报告他们抛到正面的占比大约为50%,这是真实的报告。实验组宣称他们抛到正面的占比大概是58%,这是不实的报告,夸大了抛到正面的占比。结论是:仅仅被提醒了自己是银行业者(通过填完一个关于银行工作的表格),实验组就被激发得要去行骗了。心理学家得出结论,在具有代表性的银行中,银行工作的商业文化是一种欺骗和贪婪的文化。

美国人感到今天的美国就非常类似这种情况,尤其在顶层人群中。这是一个可以"逍遥法外"的时代,有钱人和有权者可以从他们失当行为中脱身,有时候甚至还受到追捧。唐纳德·特朗普受到指控,说他多年不交所得税,他则回应称:"这说明我聪明。"高盛首席执行官劳埃德·布兰克费恩(Lloyd Blankfein)受到指控,说他的银行欺骗顾客,布兰克费恩则回应说,他们是"替天行道"。对冲基金经理约翰·保尔森(John Paulson)受到华尔街的赞赏,说他"高明地"与高盛合谋骗了一家德国银行数以百万计的美元。泄露的电子邮件证明,克林顿家族将他们公共的、私人的以及基金活动混杂在一起,这让许多不幸福的美国人更为相信,这就是美国体制运作的方式。

美国最高法院不知羞耻地助长了这股"逍遥法外"的风气。在臭名昭著的"公民联合"诉讼案中,美国最高法院令人震惊地将匿名企业对政治选举的贡献等同于自由演讲。最高院论证说,没有现实证据证明,企业对竞选的贡献如何破坏了政治体制的合法性。在最近一个案子中,最高院推翻了弗吉尼亚州前州长罗伯特·麦克唐奈(Robert McDonnell)的有罪判决,麦克唐奈被判定向一个商人敲诈和勒索财物,该商人希望在弗吉尼亚州推广自己的医疗产品。②在滥用公权、欺诈并造成恶劣影响后,麦克唐奈成功脱身了。

我已经反复指出,其他高收入国家并没有出现这种态势。这种美国模式——不平等加剧、信任下跌以及日益严重的金权政治——不能简单地归结为时代的反映或21世纪民主政体不可避免的副作用。实际上,虽然许多其他国家也陷于类似的漩涡之中,出现了不平等加剧、信任度下跌以及日益严重的腐败,但是也有许多国家不是这样的。例如加拿大成功地规避了这些极端情况,更何况美国还与加拿大共享同一个北美经济体以及长达3000英里的国境线。正派和信任是可以在这个如此复杂且全球化的时代中得到维持的。

虽然在美国并没有什么魔法能够恢复社会信任,但是对公民、商人以及政府官员而言,仍有一些重要的指引要点。这里有6个关键步骤。

第一,我们应当承认说客和超级富有阶层对政治生活的危险操纵。虽然当今许多在位官员不会割断他们与竞选资助方的联系,但对于依赖此类资助方的政客,公民应当割断与他们的联系。公民运

动、社会网络以及新型政党应当为下一次大选建立一套新规范:他们
应当只将政治支持(以及小规模捐赠支持)献给那些拒绝接受富人和
企业大量出资的竞选人。竞选融资改革也许直到某天才会到来,但
是在这一天之前,通过参选政治家的洁身自好,我们也可能实现一些
进步。

第二,我们应当认识到,对最富裕的那部分美国人,他们不断崛
起的权力已经成为当今美国逍遥法外现象泛滥成风的关键原因。加
拿大以及斯堪的纳维亚国家已经控制住"逍遥法外"的现象,他们的
方法是通过设立法律、税务、金融和文化上的限制,来阻止巨额财富
的累积以及他们对政治生活的隐秘操控。当然,所有社会中,都有极
富阶层,但这类人在美国政治中过多的作用是与其他高收入民主国
家截然不同的。

第三,企业不是人,尽管美国最高法院在这方面犯了糊涂。它更
难有羞耻感,并且不受刑狱的威胁。因此,针对许多强权企业泛滥成
灾的犯罪活动,要呼吁对它们的 CEO 和董事会追责到人。当一家华
尔街的大型银行因为恶性金融违规行为而付出几十亿美元的罚款
时,它们的 CEO 和董事们也应当承担个人责任。这包括辞退、禁止
从业资格,以及在一场公正的审判中,接受直接的刑事起诉。这种个
人追责在 2008 年金融危机之后,就完全缺失了。那些对本公司违规
行为有监督责任的 CEO 们更有可能会在白宫享受国宴,而不是出庭
受审。

第四,关于企业"股东责任制"(shareholder responsibility)的原则

应当更换,无论是在法律上还是在道德上,取而代之的应当是"利益攸关人负责制"(stakeholder responsibility)。两者区别在于:如果今天,某个企业可以通过采取某个行动增加其股东财富,但会对他人造成伤害,而这个企业却不受任何惩罚,那么就会助长企业这种不正之风,特别是此类行为被视为合法的情况下。例如,以股东利益的名义,一个制药公司可以将药品价格推高到会给美国人民带来巨大损失的地步;如果污染并不违法,一家公司就可以为了避免成本而污染空气和水;一家银行也可以为了赚取肮脏的"快钱"而将"有毒"证券卖给毫无戒心的客户。而在利益攸关人负责制的方案中,这类行为将被坚决制止。CEO 和企业董事会的政策目的将只能是真正为社会增加价值(真正的附加值),而不是通过将成本转嫁给别人而创造股东价值。当然,许多企业已经遵守了这样的标准,但是许多最有权势的企业显然还没有这样做,他们甚至蔑视任何旨在限制他们最大化股东财富能力的规定。

第五,美国的前任总统们和政治家们需要约束自己的牟利行为。巴拉克·奥巴马应当打破一贯的模式。比尔·克林顿和托尼·布莱尔决定在离任后疯狂敛财,这创造了当前这股看起来理所应当的风气。无数参议员和国会议员离开国会山就直接去了 K 街*,从在位官员变成游说自己前同事的说客。这种行为是卑劣的,应当接受公众批判。当然,这种行为应当被正式的行为准则和法律阻止。为了

---

* "北连乔治城,东抵国会山"的"游说一条街",云集大批智库、游说集团、公关公司、民间组织、国际总部的白宫前街。——编者注

实现改革,我们需要强大且同心协力的公众呼吁。

第六,也是最根本的,只有用我在前几章概况出来的方法——通过财政再分配、全民医疗和教育以及环境正义——直接降低财富和收入的不平等程度,我们才能够重新感受到一个民主体制是真正的"民有、民治、民享"。

美国人民从未听到华尔街 CEO 们对于 2008 年金融危机的任何忏悔;美国人民从未听到政客们对于他们将公权和私人财富进行暧昧混淆和利己交易的任何忏悔;美国人民从未听到最高法院对于将现代史上最赤裸裸的金权政治带给美国的行为有任何忏悔;美国人民从未听到制药公司对自己把药品定价到"杀害"众多美国人的程度上有任何忏悔;美国人民从未听到对冲基金经理们对一手制造的骇人避税技术而有任何忏悔;美国人民更未听到美国中央情报局(CIA)让美国人陷于无数失败的战争,并激起恐怖分子报复而威胁生命有任何忏悔。

美国人民对 2016 年总统大选的反感既不令人愤懑,也并不特别难以理解。这是对"逍遥法外"的严厉指责。这股愤怒之情会一直持续下去,除非美国公共和私人的行政体制都能够重新回到公共利益的方向上,不再为那些统治精英的私人财富和权力而服务。

14

可持续发展中的繁荣

在可持续发展上，像美国这样一个拥有知识、技术和技能财富的国家，我们不应当敢于排在 34 个 OECD 国家的第 22 位。通过树立可持续发展的宏伟目标，通过动员美国全国思想的领袖，美国能够再次为政策魄力和创新树立标杆，让所有人更美好的世界而共同奋斗。

肯尼迪总统激励美国人民做大事,为此他树立了大胆的目标:登月、战胜种族歧视、与苏联和解。"我相信,在这个 10 年内,我国能全身心地实现载人登月并让宇航员安全返航的目标",在 55 年前的参众两院联席会议上,肯尼迪总统作出了这一表态,他的话至今振聋发聩。同样地,他呼吁美国人民应与苏联签订《部分禁止核试验条约》,以宣誓"我们(对和平)的态度与他们的一样重要。"

虽然我们这代人的需要是不同的,但树立远大目标并投入资源去实现目标的精神却是能够再次感动美国和全世界的。

我们这代人面临的最大挑战是可持续发展,也就是让国家实现繁荣、公平和环境可持续。美国的目标应当是"可持续发展 2030"。美国政府在 2015 年 9 月 25 日与联合国 192 个成员国一道,签署实现目标的协议,但是美国政府也早就忽视了这些。美国应当热诚拥抱可持续发展目标,因为这事关乎我们的未来。实际也确实如此。

对于大多数人而言,让特朗普总统扛起可持续发展目标的大旗似乎是不可能的。但美国人民却应当扛起来。可持续发展目标是路线图,指引我们回到美好社会——一个可以为了公益而团结起来的社会。我们应当敦促特朗普总统和国会践行可持续发展,并希望他们真的这样做。但如果他们拒绝,我们作为公民就有责任站起来,履行我们这代人应尽的责任。在全美国的城市、大学、社区和企业,可持续发展目标应当成为我们的指引,并号召所有人团结起来,一起来抚平社会创伤、抵御气候灾难,并改善公益水平。

可持续发展不只是政策罗列,它应当是一个明确的理念,该理念坚定不移地认定经济增长可以并应当是公平的、包容的、环境可持续的。可持续发展需要一个与我们今天精英独领风骚,其他人残喘度日的状况迥异的社会。

从 2012 年开始,可持续发展目标由世界各国政府协商讨论,历经 3 年时间,终于在 2015 年获得一致通过。要知道,世界各国通常难以达成共识,而可持续发展目标的讨论过程其实已经告诉我们一些信息。各国能够一致通过可持续发展目标,是出于一个共识,那就是世界所有地区都面临着环境威胁的严峻现实,同时大多数人正日渐感受到不平等的加剧以及政治不稳定,这源于快速的技术变化、全球化、无处不在的偷税漏税、逐渐普遍的腐败,和许多跨国公司所从事的不道德活动。这些国家也接受《巴黎气候协定》,其实也是出于同样的感受,那就是一旦无法阻挡全球变暖,世界各国就必须同舟共济。

但激发可持续发展目标和《巴黎气候协定》的不仅是恐惧之情。支撑这些全球协定的根基也包括希望,尤其是人们感到当前的技术革命提供了前行方案,使得我们能够终结极度贫困、改善经济发展水平,同时保护环境。

可持续发展目标遵循了肯尼迪总统的第二条准则,那就是:树立目标,加上努力实现目标的实践工作,能够成为公众需要的激励和动力。当肯尼迪总统在 1963 年签署《禁止核试验条约》时,他提出了一系列方案步骤,包括条约和其他辅助手段。肯尼迪解释了这套方案背后的逻辑:"通过更为明确地设定我们的(和平)目标,通过让目标更具操作性并减少空谈,我们让所有人都看得到它,从中获得希望,并无可抗拒地向这一目标前进。"

关于这套倡议,肯尼迪从未隐晦艰难的实际情况。对登月计划,他指出:"没有什么事情可以如此困难、如此昂贵,以至于无法实现了。"对核试验条约,他指出:"这个条约不是极乐世界。它不会解决所有争端……但是它是重要的一步,迈向和平的一步,迈向理性的一步,远离战争的一步。"

这么多年过去了,美国仍没有树立明确的、振奋人心的目标,也没能解决经济问题、结束气候变化,或者减轻不平等程度。当然,奥巴马总统已经提出了各类倡议,但是这些倡议仅仅是走一步瞧一步,在脑海中仍然没有确定一个明确的终点。我们许多人都为 2016 年这场扫兴的总统大选而感到失落,人们普遍相信美国最辉煌的日子已经过去了。美国需要并应当在未来实现伟大目标。

那么,这 17 个可持续发展目标对美国又意味着什么呢?这能够让美国实现急需的深刻变革的独一无二的机会。这是通向峰顶的机会,并告诉了我们登顶的办法。正如肯尼迪评论登月行动时所说的,

"我们选择在这个十年来到月球,并做其他的事情,不是因为这些事容易,而是因为这些事困难,因为这个目标可以最大可能的组织并且衡量我们的潜能和技艺。"

2017年初,新总统和新一届国会上任履新之际,美国应当全部采纳"美国可持续发展目标2030"。在表14.1,我列出了17条具体的值得我们去做的大胆目标。这里作简要介绍:

- 按照经济合作与发展组织(OECD)的贫困线标准(家庭收入少于收入中位数的一半),美国贫困率达到了17%,是所有发达经济体中最高的。相较而言,丹麦贫困率最低,为6%。为了实现可持续发展目标第1项,美国应当采取措施,在2030年前将贫困率降低至8.5%或以下,将贫困率至少减少一半。

- 美国有着所有发达经济体中最高的肥胖率,达到36%。与之相比,日本的肥胖率最低,仅有3%。为了实现可持续发展目标第2项,美国应当启动公共医疗行动,在2030年前将肥胖率降低至10%。

- 美国的预期寿命落后于世界领先国家的水平至少有4年了,美国的平均预期寿命是79.3岁,而日本是83.7岁。为了实现可持续发展目标第3项,美国应当行动起来,使预期寿命在2030年前至少达到85岁(与之相比,日本预计将达到86岁)。

- 美国的学生债务规模达到了1.2万亿美元,弊病丛生的高等教育融资体制是问题之源。在高校入学率可比的条件下,其他许多国家没有学生债务。为了实现可持续发展目标第4项,美国应当采取措施,在 2030 年前将学生债务削减至 2 千亿美元以下,同时至少应将 25—29 岁人群的大学毕业率从 33% 提升到 50%。

- 作为最不平等的高收入 OECD 国家,美国应当采取一系列政策,包括税收和转移支付、医保、教育以及企业改革,以大幅度减轻收入不平等。为了实现可持续发展目标第 10 项,美国应在 2030 年前将可支配收入的基尼系数从目前的 0.41 降到 0.30。

- 美国是危险温室气体排放量最大的国家之一,人均二氧化碳年排放量达到了 16 吨,大约是世界平均水平的 3 倍。为了实现可持续发展目标第 7 项和第 13 项,快速向低碳能源转型,美国应当在 2030 年前将人均年排放量减少到 8 吨,响应《巴黎气候协定》的号召,确保在 21 世纪上半叶实现净排放为零的长期目标。

- 美国有着所有发达经济体中最高的在押人员比率,每 10 万人有 716 人在押,与之形成鲜明对比的是,斯堪的纳维亚国家每 10 万人的在押人数仅为 65—75 人之间。美国已经将一代年轻非裔美国人残酷地关入监牢,将小偷小摸(有时甚至根本无罪)演变成这代人一生的悲剧。美国应当尽快改革刑法,大幅度削减在押人员比率,帮助年轻少数族裔男性获得技能和工作,过上充实的日子。为了实现可持续发展目标第 16 项,美国应当力争在 2030 年前将在押人员比率减少到每 10 万人不超过 100 人的水平，同时继续降低暴力犯罪率。

- 在所有高收入国家中，美国政府对世界贫穷国家提供的发展援助占 GDP 的比率是最少的，仅有 0.17%，而全球目标是达到 0.70%。美国的外交政策已经过度军事化了，反而危害了美国的长期国家安全。为了实现可持续发展目标第 17 项，美国应当在 2030 年前增加发展援助支出，将目前与军事相关支出的 10% 转为发展援助。新增援助应当用于援助当今贫困和不安定国家的教育、卫生以及基础设施。

我的核心观点是，美国需要尽快实现这些目标，从而稳固自身在世界高表现经济体中的地位。上述目标不是空想，美国也绝非无能为力。实际上，在每一项目标上，仍有国家在可持续发展的具体维度上比美国做得更好。

这种大胆树立目标的办法源自美国历史，当时曾激励了全世界。但是我们感到今天的美国政治走形了，其中有一种政策"病态"与美国人普遍的生理病态何其相似。美国缺少那种战略机构和规划部门，而其他高收入国家所拥有的这些部门能够协助制定国家目标，并规划通向成功的路径。例如，在瑞典，肩负可持续发展目标协调责任的是公共事务部，这个部门配合瑞典国会及地方政府的工作，在全国范围实施可持续发展目标战略。

为了在 2030 年实现可持续发展目标的具体指标，最重要的是长远思考，并制定战略行动方案，由此证明各个关键利益攸关方——包括各级政府、社会各界、学界和商界——都能够为实现目标作出贡

表 14.1 2030 年美国可持续发展目标

可持续发展目标	具体指标	2015 年水平	2030 年目标
第 1 项 终结贫困	贫困率	17%	8%
第 2 项 营养	肥胖率	34%	10%
第 3 项 健康	预期寿命	78 岁	85 岁
第 4 项 教育	学生债务	1 万亿美元	2 千亿美元
第 5 项 性别平等	女性国会议员占比	19.40%	50%
第 6 项 水	缺水（WRI）	2.9/5.0	1.0/5.0
第 7 项 现代能源服务	可再生能源占比	6.30%	30%
第 8 项 体面工作	没有工作或未经培训的年轻人	15%	5%
第 9 项 产业和创新	研发支出占 GDP 比重	2.80%	4%
第 10 项 不平等	基尼系数	0.41	0.30
第 11 项 可持续城市	污水处理率	63.70%	100%
第 12 项 可持续消费	人均不可循环垃圾量	1.7 吨	<1 吨
第 13 项 气候变化	人均二氧化碳排放量	17 吨	<8 吨
第 14 项 海洋环境健康	受保护的海洋区域占比	18.20%	50%
第 15 项 陆地环境健康	受保护的陆地区域占比	10.60%	25%
第 16 项 社会安宁	在押人数比率	716/100000	100/100000
第 17 项 全球伙伴关系	发展援助（对 GDP 占比）	0.17%	0.70%

献。用肯尼迪总统的话讲，通过"更为清晰地确定我们的目标"，我们就能动员公众获得长期支持，并将这些目标付诸实践。但是我们必须认识到，美国已经有 20 多年没做过公共规划了，至少是荒废已久。所以我在这里对美国新一届政府提出三点建议：

第一，美国在高校、企业、智库以及基金会方面有着世界其他任何国家都不可比拟的世界一流经验。应当动员这些力量作贡献。通向 2030 年及未来的路线图不应当由白宫、国会或是游说组织来制定，也不是什么装模作样的新一届政府的"上任百天计划"。长期战略应当是全国审议的结果，需要美国顶级的理论家和实干家共同参与。

第二，美国科学院、工程院和医学院是总统和政府可用的，它们就在白宫附近的街区。这三大世界顶尖的机构应当承担起动员全国"最强大脑"的任务，共同寻求实现 2030 目标的实践方案。三大机构，再加上美国的主要基金会——盖茨、卡内基、福特、洛克菲勒、麦克阿瑟以及其他基金会——它们能够动员发明家、工程师、企业家以及社会活动家为 2030 年可持续发展目标共同努力。

第三，让世界其他地方都无法匹敌的是，美国的 4000 多所高校在知识、能力和热情上具备作出贡献的巨大优势。每一个国会选区都有一家或者更多的高质量科学部门，它们能够向国会议员解释，气候变化是真实的、严峻的，也是可解决的。每一个选区都有一所大学的团队，他们能够为实现 2030 目标去制定地方措施。

简言之，在可持续发展上，像美国这样一个拥有知识、技术和技能财富的国家，我们不应当甘于排在 34 个 OECD 国家的第 22 位。通过树立可持续发展的宏伟目标，通过动员美国全国的思想领袖，美国能够再次为政策魄力和创新树立标杆，并鼓舞其他国家甚至包括今天的对手们，让所有人为更美好的世界而共同奋斗。

拓展读物推荐

以下材料有助于读者更深入地探索本书话题：

Mazzucato, Mariana, *The Entrepreneurial State*, New York：Anthem，2013.

本书展现了公共部门在指导技术变化上的关键作用。这是充满创意、重要并且具有重大影响的研究。

Sachs, Jeffrey, *The Age of Sustainable Development*, New York：Columbia University Press, 2015.

通过此书，我探讨了蕴含在 17 项可持续发展目标中的经济发展、社会包容以及环境可持续性的详细方案。

Sachs, Jeffrey, *The Price of Civilization*, New York：Random House，2012.

在这本关于美国政治经济学的前作中，我用更大的篇幅来探讨本书提到的几个主题，包括：低水平税率、大型公司游说集团的过度影响和政治改革的需要。

Sachs, Jeffrey, *To Move the World*: *JFK's Quest for Peace*, New York: Random House, 2013.

1963 年,肯尼迪总统"感动了世界",因为他在冷战最紧张的时期运筹帷幄,大胆地谋求与苏联达成和解。这是通过大胆且富有创意地设立目标来展现国家领导力的历史实证。

United Nations, *Transforming Our World*: *The 2030 Agenda for Sustainable Development*, A/RES/70/1.

联合国全体 193 个成员国均接受了 2030 议程。这个材料也因此成为未来指导全球合作的关键文件。

UN Framework Convention on Climate Change（2015）, *The Paris Agreement*.

自 1992 年签署的《联合国气候变化纲要公约》以来,《巴黎气候协定》就是控制人类所导致气候变化最重要的全球协定。《巴黎气候协定》获得一致通过并于 2016 年 11 月生效,说几十年可能夸张了,但至少未来几年,这份文件将成为全球外交的中心议题。

UN Sustainable Development Solutions Network（SDSN）, *The Deep Decarbonization Pathways Project*, 2015.

联合国可持续发展解决方案网络(SDSN)的这个项目有助于提供一个向低碳经济转型长期规划的框架。

UN Sustainable Development Solutions Network（2016）, *The SDG Index and Dashboards*.

SDSN 会每年发布一个有关各国实现可持续发展目标进度的报告。2016 年发布了第 1 期。

图书在版编目(CIP)数据

重塑美国经济/(美)杰弗里·萨克斯著;石烁,
胡迪译. —上海:格致出版社:上海人民出版社,
2020.5
ISBN 978 - 7 - 5432 - 3042 - 2

Ⅰ.①重… Ⅱ.①杰… ②石… ③胡… Ⅲ.①经济-
研究-美国 Ⅳ.①F171.2

中国版本图书馆 CIP 数据核字(2020)第 044288 号

责任编辑 张宇溪 程 倩
装帧设计 人马艺术设计·储平

重塑美国经济
[美]杰弗里·萨克斯 著

石烁 胡迪 译

出 版	格致出版社	
	上海人民出版社	
	(200001 上海福建中路 193 号)	
发 行	上海人民出版社发行中心	
印 刷	常熟市新骅印刷有限公司	
开 本	890×1240 1/32	
印 张	5.75	
插 页	4	
字 数	114,000	
版 次	2020 年 5 月第 1 版	
印 次	2020 年 5 月第 1 次印刷	

ISBN 978 - 7 - 5432 - 3042 - 2/F · 1245
定 价 35.00 元

本书根据 Columbia University Press 2017 年英文版译出

2020 年中文版专有出版权属格致出版社

本书授权只限在中国大陆地区发行

版权所有 翻版必究

上海市版权局著作权合同登记号:图字 09-2018-337